説明の一流、二流、三流

桐生 稔

明日香出版社

はじめに

◆私の説明は小学生並みでした

以前の私は、上司から「なんで？」と聞かれたら「なんとなく……」と答え、「商談どうだったの？」と聞かれたら「まぁまぁでした……」と答えて怒られていました。

会議では自分の考えをうまく言葉にすることができず、「何が言いたいの？」とさえぎられていました。

商品説明が下手すぎて、商談開始5分で「検討します」と言われたこともあります。

そんなダメダメだった私は、左遷も経験しました。


でも、私はラッキーでした。

私の周りには、全国1位を獲るような上司、同僚がゴロゴロいたのです。私が勤めていた会社は2000名の社員がいる上場企業でしたが、その中でも群を抜いて光り輝いている人たちです。

頭の回転が速く、数十秒でパッと説明して、どんどん話を進めていきます。それでいて話に惹き込まれ、思わず納得してしまう。

まるで魔法にかかったようでした。

そんなトップの人たちの真似をしているうちに、気づけば私も全国1位を獲得していました。

そして、350名のメンバーをマネジメントするようにもなりました。

今は「伝わる話し方」を専門にしたビジネスクールを運営し、全国展開しています。

◆一流の説明力を手にいれていただくための本です

何の世界でも一流と呼ばれる人が存在します。

もちろんビジネスの世界にもです。

私は、これまで1万回、伝わる話し方セミナーを開催してきました。

本当にたくさんのビジネスマンにお会いしました。

セミナーや研修をしていると、100人に1人、強烈に説明がうまい人に巡り合います。

「結論から話しましょう」

「根拠は具体的に示しましょう」

「ポイントは3点にまとめましょう」

そんなレベルではないです。はるかに上のレベルの工夫をしています。


本書では、一流が実施している説明のやり方をすべて言語化しました。

「三流はこうする、二流はこうする、一流はどうする？」と進んでいきます。

そして誰でも簡単に、一流の説明がマスターできるよう具体的な回答を用意しました。

きっと楽しんで学んでいただけるはずです。


説明力が上がれば、あなたのコミュニケーション力は確実に高まります。

変に空気に支配されることなく、自分の言いたいことをちゃんと言葉にできます。何より仕事で結果がでます。


説明が苦手で苦戦している人、自分でも何を言っているかわからなくなる人、「結論は何？」って突っ込まれる人。

安心してください。

本書を実践していただければ、きっと人に教えられるレベルにまで上達します。

なんせ、説明が下手すぎて営業成績がビリだった私が、今では「伝わる話し方スクール」を運営しているのですから。努力や才能は一切関係ありません。説明がうまくなるための方法論があります。


本書は、伝わる話し方セミナー1万回分のメソッドを凝縮しています。

きっとあなたの説明力を高める指南書になるはずです。


ぜひ、説明が持つ力を堪能してください。

では、さっそくまいりましょう。

桐生　稔

説明の一流、二流、三流　もくじ

Chapter 2 説明の組み立て方

Chapter 3 説得力が増す説明

Chapter 4 プレゼンや人前での説明

Chapter 5 リモート・メールでの説明

Chapter 6

説明上手になる心得

カバーデザイン：小口翔平（ｔｏｂｕｆｕｎｅ）
カバーイラスト：山崎真理子
本文イラスト：田中まゆみ
校正：鷗来堂

Chapter

1

すごく伝わる
説明

話の整理

三流は、思いついたまま話し、
二流は、モレなく、ダブりなく話し、
一流は、どのように話す？

「ＭＥＣＥ（ミーシー）」という言葉を聞いたことがありますか？

「モレなく、ダブりなく」という意味で、ロジカルシンキングの世界でよく使われます。

例えば、全国47都道府県を市場調査するとします。実施したのが45都道府県だったとしたら、２つモレていることになります。

年代別に調査した場合。10代、20代、30代、40代、若年層、という括《くく》りで調査したら、若年層が他の年代と被っています。これがダブりです。

モレやダブりがあると信憑性に欠きます。「このデータ本当に合ってる？」と、疑いを持ってしまいます。なので、モレやダブりがない状態で説明することは大事です。

しかし、**「モレなく、ダブりなく整理できていること」**と、**「モレなく、ダブりなく説明**

すること」は、まったく違います。

例えば、面接の自己ＰＲで、「私の特徴をモレなく、ダブりなく伝えます。15分ほどお時間をいただいてもよろしいでしょうか」と言ったら……。そんな長尺な自己紹介を行えば、間違いなく面接は落ちます。

レストランで「オススメのワインは？」と聞いたときに、店員さんが棚にあるワインを隅から隅まで全部紹介しようとしたら……。「そこまで求めてないんだけど」と思うはず。「そんな人たちはいないだろう」と思われるかもしれません。しかし、仕事になると、1から10まですべてを説明しようとする人がかなりいます。

本当に大事なこと。それは、モレなく、ダブりなく整理したあとに、「大胆に削る」です。

例えば、来期の事業計画を説明する場合。

「来期の事業部の予算は○○円です」

それは資料を見ればわかります。一番聞きたいのは「どうやってそれを実現するか」です。

「来期の事業計画についてです。今日は実現方法にポイントを絞ってお伝えします」と、一番大事な部分にフォーカスすること。

研究結果を発表するなら、

「今回の研究では何がわかり、今後当社の未来がどう変わるか、そこを明確に提示します」

本当に伝えたいことに光を当てる。モレなく、ダブりなく整理できているのは当然。その上で、真芯《ましん》にフォーカスする。これが一流の説明です。

大胆に削れないときは、事前にこの問いを使ってみてください。

「もし、説明時間が10秒しかなかったとしたら……」

「あえて1行で説明するとしたら……」

何を伝えるか？　その答えが真芯です。


講演で、「今日は私の0歳～50歳までをすべて語ります」なんていうスピーカーはいません。たいがい**「これだけは意地でも伝える」という強烈なワンメッセージを持っています。**

大胆に削るからこそ、聞き手に届き、記憶として残るのです。

「モレなく、ダブりなく、整理する。そして大胆に削る」

ぜひ、削る勇気を育ててみませんか？

Road to Executive

一流は、大胆に削り、真芯にフォーカスして話す

☑ 本当に伝えたいことだけに絞る

イメージできない人に

三流は、あいまいに説明し、二流は、詳しく長く説明し、一流は、どうやって説明する？

「仮想通貨って何ですか？」

こう聞かれたらドキッとしますよね。名前は聞くけど、説明しろと言われると難しい。

「仮想通貨とは、物品を購入し、又は役務の提供を受ける場合に、不特定の者と相互に交換を行うことができる財産的価値で、電子情報処理組織を用いて移転することができるものです」

なんて言われてもピンときません。

実は、一流には、相手がイメージできないときによく使う技があります。それが「対比」です。**詳しく説明するのではなく、他のものと比べます**。仮に法定通貨と比べてみましょう（※法定通貨とは、皆さんが毎日使っている紙幣、貨幣）。

項目	法定通貨	仮想通貨
名称	円、ドル	ビットコイン、イーサリアル
実体	実在する	ネット上にあるお金で実在しない
携帯性	いつも持ち歩いている	持ち歩く必要なし
買い物	発行国内はどこでも使用可	仮想通貨取り扱い店で使用可
使い方	そのまま使える	法定通貨を仮想通貨に換えると使える

もっといろいろ説明できるとは思いますが、イメージできない人にざっくり理解してもらうならこの程度で十分です。

もう少し簡単な例で。

「このサプリは食物繊維が20グラム取れます」

これだけ言われてもあまりピンときませんよね。なので、こう言ってみます。

「サツマイモ1本で5グラムの食物繊維が取れます。このサプリは1回で20グラム取れます」

サツマイモとの対比です。

子供に注意するとき、「ご飯は残さず食べなさいよ！」なんて言ってもあまり響きません。そこでこう言います。

「世界には10人に1人、ご飯が食べられなくて、栄養が足りずに病気になる人がいるんだって。ご飯を食べられるって、本当に幸せなことだね」

世界と比べます。

商品を説明する場合、Before→Afterの対比も使えます。

「これまでのアプリケーションは10万人にアプローチするのが限界でした。しかし、今回開発したアプリケーションは100万人にアプローチできます」

「10万人→100万人」と、前後で対比することで、イメージできていない人にもすごさが伝わります。

相手がイメージできないとき、「もっと具体的に説明しなければ！」と思ったら、ちょっとストップ。他のものと比べてみてください。格段にイメージしやすくなります。人間はイメージできないと、ガンとして動きません。暗闇を歩くのと一緒で、わからないのは不安だからです。逆にイメージできれば動いてくれます。それを実現するのが対比なのです。

Road to Executive

一流は、「対比」で説明する

☑ 比べることでイメージを明確にする

知識がない人に

三流は、うまく伝えられず、
二流は、細かく説明し、
一流は、どうやって説明する？

対比とは逆の手法があります。それが「類比」です。

類比とは、似てるものと比べること。対比と同じくらい、わかりやすさに影響を与えます。

「投銭《なげせん》システム」って聞いたことありますか？

一般の方が、動画アプリなどを使って、自分が話しているところをライブ配信して、それを観ている人が、「この人いいな」って思ったら、クレジット決済でお金を投入するシステムです。今、若者の間でブームになっています。

これを知らない人に説明する場合、

「○○というアプリケーションをインストールして、アカウントを登録して、ペイパルで決済して……」

この時点でパニックです。そこで、類比の登場です。

「よく芸能人のディナーショーでおひねりを渡すじゃないですか。あれです」

どうでしょう。「投銭システム」を知らない人にも、なんとなく伝わるのではないでしょうか。


類比とは「たとえ」です。名スピーカー、名プレゼンテーター、YouTubeでチャンネル登録者数が多い方は、とにかくたとえ話が多いです。ぜひ一度、話がわかりやすい人のYouTubeを見てみていただきたいです。その多さに驚愕するはずです。

類比で説明するためのいい方法があります。それが「例えば……」という枕詞《まくらことば》です。

知識がない人に説明する場合、

「クラウドコンピューティングシステムを開発しました。その仕様について説明します」

と、具体的な話に入る前に、

「クラウドコンピューティングシステムとは、例えば、誰もがいつでも取り出せる『押入れ』のようなものです」

こんな感じで似ているものにたとえていきます。類比はニアイコールの関係です。A≒Bという公式で表せます。Aを伝えたいときは、それに似ているBを入れる。これだけです。

例えば、「アゼルバイジャンのバクーって知ってる?」と言われても、よくわからないと思います。

アゼルバイジャンは国名です。バクーは首都で15世紀に建てられた奥ゆかしい宮殿と、高層ビルが立ち並ぶ近大都市。

A「アゼルバイジャンのバクー」≒B「京都の奥ゆかしさ + 東京の発展」

「アゼルバイジャンのバクーは、たとえるなら京都と東京が混在しているような都市です」

知らない人でもなんとなくイメージできそうです。

人間はわかりやすいものが大好きです。これを**認知容易性**と言います。

認知容易性とは、わかりやすい、見やすい、理解しやすいものに、好意を感じるということ。深く考えなくても済むので、脳に負担がかかりません。

逆に、理解するのに時間がかかるものは脳にストレスを与えます。

相手の脳まで気遣う。これが一流の領域です。

Road to Executive

一流は、「類比」で説明する

「例えば」の枕詞を使って
A ≒ B を提示する

情報の伝え方

三流は、情報を整理できず、二流は、一象限で説明し、一流は、どのように説明する？

私は数学が大の苦手でした。でも、大人になってから、数学がメチャメチャ役立つことに気づきました。特に、「説明」には高校の数学で出てくる「象限」がパワーを発揮します。

象限とは、すごく簡単に言えば**「4つに分ける」**ことです。数学で、よくX軸とY軸で4分割されたグラフがでてきますよね。説明ではこれが効いてきます。

例えば「運動量が多い生徒ほど、テストの点

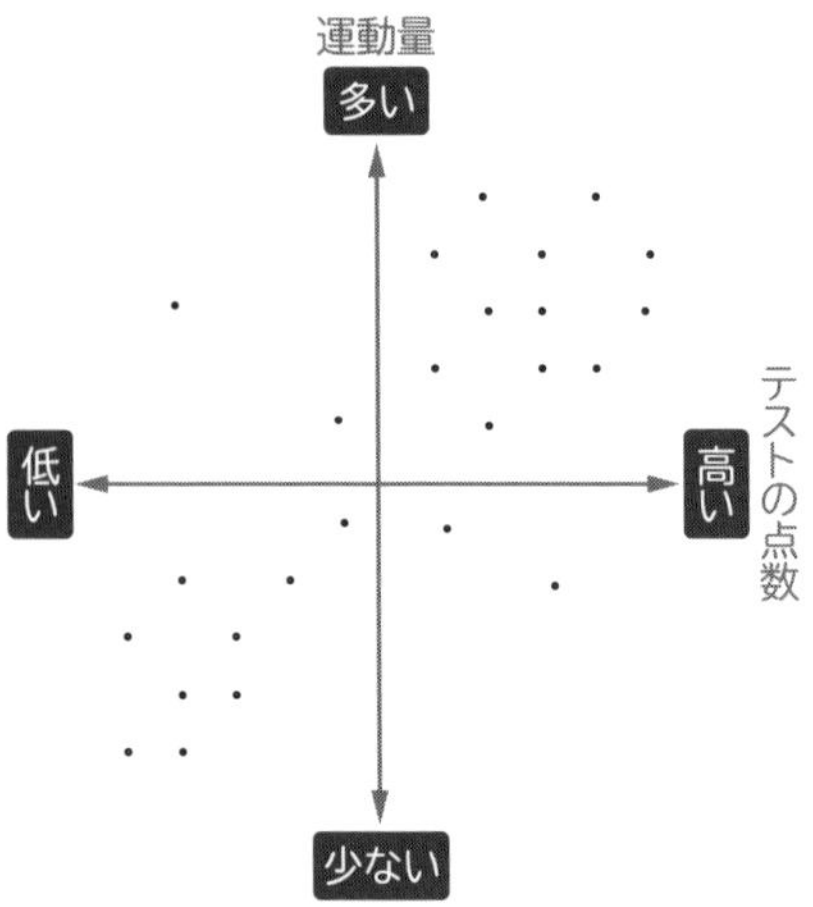

数が高い傾向にある」を説明するとします。

このとき、「運動量が多いほど、テストの点数が高い」とだけ言われても、あまりピンときませんよね。そこで、右ページのような図にして示します。

1つの結論（一象限）を見せるより、4マス（四象限）で説明したほうが、受け手も理解しやすいです。

4マスで説明する場合、次の2ステップを行います。

ステップ1：縦と横に線を引く
ステップ2：縦と横に対峙しそうな要素を入れる

例えば、出店候補地を説明するとき。

競合他社を調べたところ次ページの図のようになったとします。すると、駅から近いかといって、来客数が伸びるとは限らないことがわかりました。よって、「駅から離れている地価が安いところでも、充分勝算はあります」

と説明できます。

もし、商品を提案するなら、縦と横の要素は、「供給と価格」「コストと品質」「希少性と価値」などを置く。

仕事の優先順位を決めるなら、「緊急と重要」を置く。

これは『7つの習慣』（スティーブン・R・コヴィー著 キングベアー出版）で、大変有名になりました。

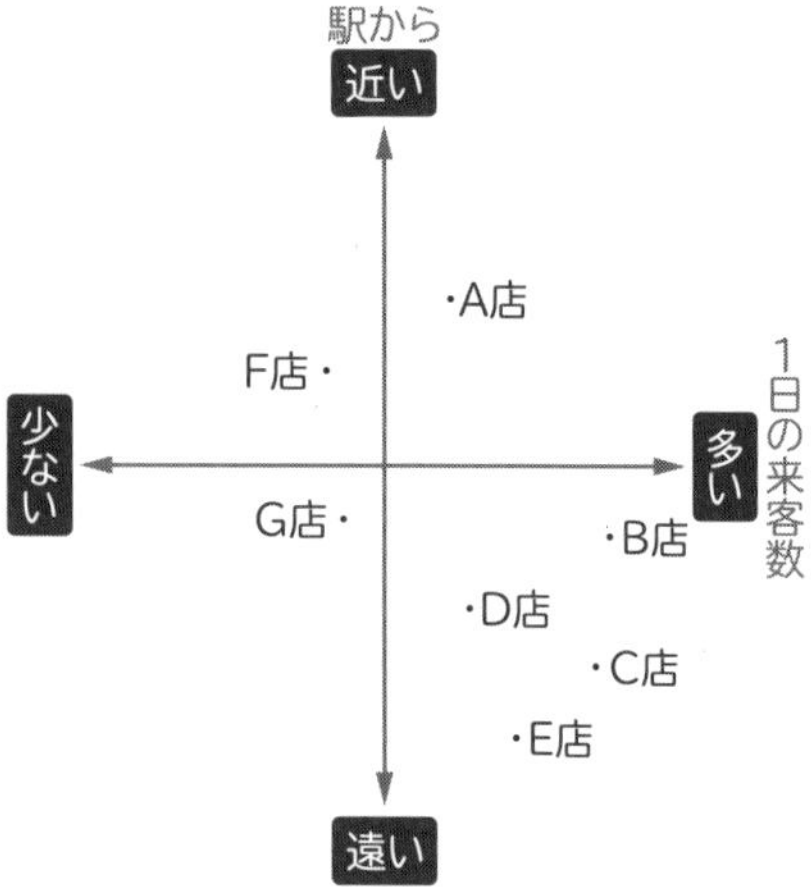

一象限だけ見ていると、非常に視野が狭くなります。しかし、四象限を使うことで、他との違いが見えたり、伝えたいことがより際立ち、わかりやすく説明するための演出ができます。
情報を整理して説明する際も、魅せ方にこだわるのが一流です。

Road to Executive

一流は、四象限で説明する

☑ 対峙しそうな要素を使う

説明の詳細さ

三流は、アバウトすぎてよくわからず、二流は、説明しすぎてくどくなり、一流は、どのくらい説明する？

「説明したのに、イメージと違うものができてた」

そんな経験、ありませんか？

例えば、「もう少しフォントのサイズを大きくしてください」と頼んだのに、全然小さかったとか、「今回の提案書はいつもより厚めで」と頼んだのに、全然薄かった、などなど。

言葉の解釈が、いつも相手と一致するとはかぎりません。

でも、完全に一致させようと思えば、すべて詳しく説明しなくてはいけません。

例えば、資料の作成をお願いする場合、

「パワーポイントのスライドサイズは縦19・5センチ、横は25・4センチで。枚数は25～30枚で、ホチキスは左隅2センチのところで留めて……」

なんて毎回説明していたら大変です。

説明が足りないと伝わらないし、説明しすぎるとくどくなる。この塩梅が難しいところ。その線引きはどこにあるのでしょうか？

ひと言で言えば、「共通体験」です。

例えば、「クラウド型のデジタルマーケティング」と言われて、あなたはピンときますか？私はピンときません。でもピンとくる人もいます。それは、普段クラウドを使って仕事をしている人です。もしくはクラウドファンディングを使用したことがある人。

過去、一緒に仕事をしたことがある人であれば、「フォントは小さく」でだいたい伝わりますが、一緒に仕事をしたことがない人には伝わりません。

これが面白いところで、社内だから伝わる、同じ業界だから伝わる。そういったことではないんです。**共通体験があると伝わるし、ないと伝わらないのです。**

例えば、同じ社内といえども、新入社員には何から何まで詳しく説明します。しかし、だんだん経験を積み、共通体験が増えてくると、説明がいらなくなります。

逆に、違う業界でも、人材派遣の会社に勤めている人に労務の話をしても伝わったり、保険を販売している人に投資の話をしても通じたりします。

どのレベルで説明するか？　それは相手との共通体験によって変わります。

「なんでこれでわかんないの？」「○○と言ったら、普通○○でしょ！」と、思ったら、それは自分の体験だけで話している証。相手にはわからないことだし、普通のことではないのです。

逆にわかっていることまで長々説明すると、「それはわかっている」「早く先に話を進めて欲しい」「くどい」となります。これは相手の体験を把握していない証。

キャッチボールをするときは、相手がどのくらい熟練者か確認します。高校球児に投げるボールと、まったくの素人に投げるボールは変わってきます。しかし、普段の会話になると、相手のレベルを把握せず、いきなり剛速球を投げる人もいます。相手は捕れなくて当然です。

説明する前に、相手のレベルを把握すること。そのために、好奇心を持って相手を知ること。具体的に聞くこと。そこから共通体験を感じ取り、説明レベルを調整する。

一流が常に念頭に置いているのは、相手に合わせた説明です。相手とどのくらい共通体験があるか、ぜひさぐってみてください。

Road to Executive

一流は、共通体験のレベルに合わせて説明する

☑ 相手の持っている知識の量を把握する

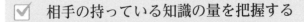

数字で説明する

三流は、感覚値で説明し、
二流は、具体的な数字で説明し、
一流は、どのように説明する?

「数字が苦手です……」。そんなことを思ったことはありませんか?

私も得意ではなかったので、その気持ちはとてもわかります。

ただ、数字で語ると説得力が増すのも事実です。


「お客様からの評価が高かった」よりも、「82・5%のお客様から『とてもいい』というアンケート結果をいただいた」のほうが説得力があります。

「東京ドーム5個分です」「シェア10%までもっていけると思います」など、さらっと数字がでてくると、とても賢そうに見えます。

だから、いろいろな書籍で「数字で語ろう」ということが、しきりに言われるわけです。

しかし、一流はさらに上をいきます。それは「数字を2つ使う」です。

例えばこんな感じです。

「今回の実験では3件のエラーが発生しました。全体の2％です。容認レベルだと思います。ゴーサインをください」

3件という数字は、全体の2％という数字があって、はじめて多いか少ないかジャッジできます。

「今期の売上達成率は102％でした。しかし前年比は98％でした。この原因は……」

経営者は前年比を気にする傾向にあります。単純な売上高よりも、伸びを気にしているからです。そのためには、前期と今期、2つの数字が必要です。

このように、**数字で語る際は、もう1つ基準となる数字を入れる。**すると、あなたの説明は格段に伝わりやすくなります。

「ただでさえ数字が苦手なのに、2つも……」と思ったかもしれません。

しかし、数字で表す力は、慣れで習得できます。

例えば、「今回の世論調査では65％の人が反対と答えました」というニュースが流れたとします。この基準となる数字は？
そう、母数です。一体、何人の方にアンケートを取ったのか？　100人なのか、1万人なのか、それによって信憑性が変わります。

食品には栄養素の数字が表示されています。あるコンビニに、「冷やしサツマイモ100グラム160キロカロリー」と表示された商品がありました。
しかしよく見ると、この商品自体は160グラムです。実際は256キロカロリーです。おにぎりの約1・3倍カロリーがあることがわかります。

単体の数字を見るのではなく、もう1つ数字を入れて判断すること。これを続けると、日常にあふれる数字がどんどん目に飛び込んできます。

まとめます。
数字で語るときは、もう1つ基準となる数字を入れ、2個1セットをスタンダードとすること。数字でコミュニケーションが取れるようになると、あなたの説明力は抜群にアップするはずです。

Road to Executive

一流は、数字を2つ使って説明する

伝える数字に、
基準となる数字を追加する

ひと言でまとめる

三流は、まとめられず長々と話し、二流は、なんとなくまとめようとし、一流は、どのようにまとめる?

「ひと言でまとめるのが苦手です……」。そんな相談もよく受けます。

私もかつては苦手でした。「この企画のポイントはどこ?」と聞かれたので、具体的に説明しようとすると、「つまりどこなの?」とさらに突っ込まれます。

聞かれていることに、具体的に答えようとすると怒られる。最初は意味がわかりませんでした。しかし、「ひと言でまとめる」の本当の意味を知ってから、謎が解けました。実は、

ひと言でまとめるとは、具体の逆をいく行為なのです。

解説します。例えば、「私はどら焼きが好きで、大福が好きで、羊羹《ようかん》が好きで、チョコレートが好きです」。これをひと言でまとめると、「私は甘いものが好きです」となります。

「私は昔から野球とサッカーとテニスとランニングが好きです」。これをひと言でまとめると「私はスポーツが好きです」となります。

わかりましたか？　実は、**ひと言でまとめるとは、「抽象化」することなのです。**

一流は、「ひと言で言うと？」を、高速で導きます。それは、抽象化するステップを知っているからです。難しいことはありません。たった2つのステップです。

ステップ1：具体的な項目を並べる
ステップ2：共通点をあぶり出す

例えば、ある商品に名前をつけるとしましょう。商品名は、まさに商品の具体的な要素を並べ、共通点をあぶり出し、ひと言でまとめた最たるものです。

ここに、1つのカステラがあったとします。

まずは、具体的な要素を洗い出します。「専用卵を使用しており、味に深みとコクがある」「蜂蜜は国産を使用しており濃厚な味わい」「1個作るのに1時間かかる」「1日8個限定販売」「価格10000円」。なんだかすごそうなカステラですね。

そしてステップ2。共通点をあぶり出します。材料、労力、価格、すべてトップクラス。であれば、この商品をひと言でまとめて、「カステラの王様」なんて名づけることができます。

「この企画の最大のポイントはどこ？」と聞かれたら、
ステップ1：具体的な項目を並べる↓「業界初」「ニッチなマーケット」「オリジナル開発」
ステップ2：共通点をあぶり出す↓「はじめての試み」
ステップ1とステップ2を踏まえて、「誰も実現したことがないことへのチャレンジです」と、ひと言で答えることができます。

いきなりひと言でまとめることはできません。まずステップ1の具体的な項目を並べる。そして、ステップ2の共通点をあぶり出す。そこにひと言の回答が存在します。

慣れてくると、ステップ1、2のスピードが異常に速くなります。完全にマスターすれば、自然に抽象化する癖が身につきます。そうなれば、どんな質問を受けても、パッとひと言でまとめられるようになるのです。

「具体から抽象へ」。ひと言でまとめるときの合言葉にしていきましょう。

Road to Executive

一流は、抽象化してまとめる

具体的な項目を並べ、
共通点をあぶり出す

手順を説明するとき

三流は、口頭で説明し、二流は、分厚い資料で説明し、一流は、どうやって説明する？

よく家電製品を買うと、分厚い手順書がついてきますよね。あれ、読みます？　私は読みません。手に取った瞬間、読む気が失せてしまいます。

そんなことを言っている私ですが、20代の頃、会社のオペレーションをまとめるために手順書を作成したことがあります。

３カ月かけて作成した超力作。きっと喜ばれるだろうと思いきや、誰にも読まれませんでした。それもそのはず。文字だらけの文章が延々と５００ページ。誰も読まなくて当然です。

普段、自分ではマニュアルや手順書は一切読まないくせに、いざ自分が作るとなると、読んでもらえると勘違いする。これは痛い経験でした。

手順書とは、作業の工程をまとめた文書のこと。会社でもよく登場します。

例えばシステムの仕様書、プロジェクトの進め方、〇〇マニュアル、そういった類の書面です。

一流はどうやって手順書を作成し、説明するか？

答えは「図解」です。文字だらけのものはまず読まれません。

図解で示すほうが圧倒的に受け手に読まれます。

試しに、下の図を見て、誰のストーリーかを当ててみてください。

いかがでしょう。簡単でしたね（笑）。ご存じ桃太郎です。

桃太郎の本はだいたい50ページくらいで作られていますが、流れを図解にするとこんな感じになります。知らない人にもストーリーが伝わると思います。

細かい文字より、図でパッと説明されるほうがわかりやすい

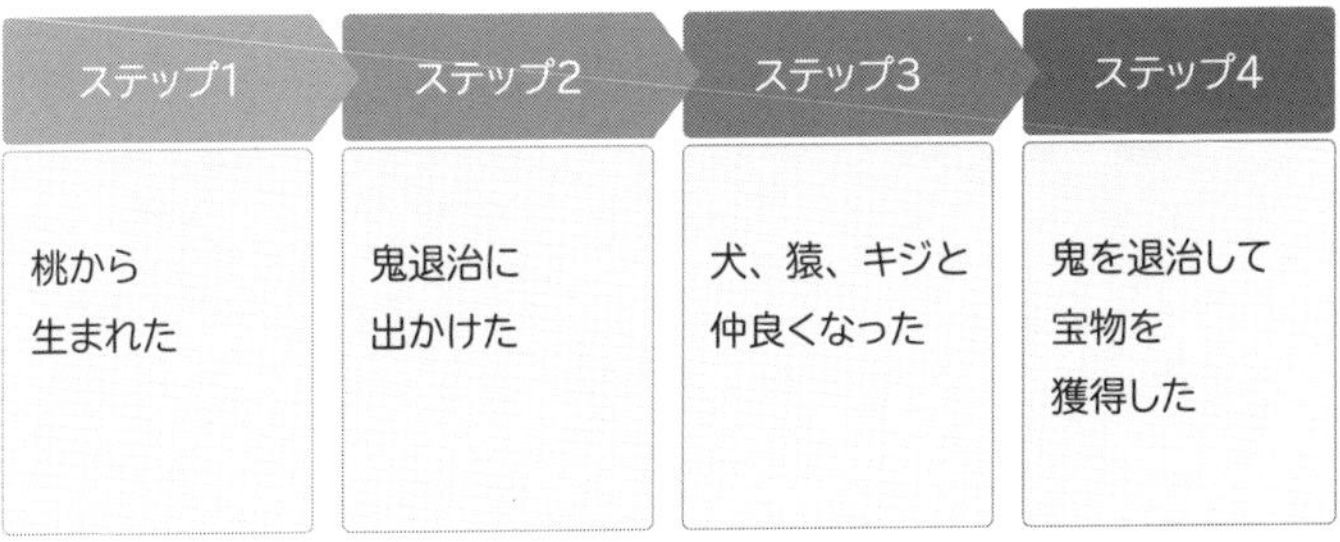

ですね。

「まるで1枚の絵を見せるかの如く、図解で示す」

一流は視覚にアプローチする天才です。文章を読み込むより、視覚で認識するほうが情報処理が圧倒的に早いからです。

例えば、笑っている状態を文字で説明しようとしたら、かなりの文字数が必要です。「いま、私の口角は上がっており、歯が見えており、目尻は下に下がっており……」。そんな長文がＬＩＮＥで送られてきたら嫌ですよね（笑）。だから絵文字を使うのです。

最後に、図解で説明するポイントを伝えます。

ひと言で言えば、**図から書くこと。逆に言えば文字から書かないこと。**

まず手順、流れ、ステップといった大枠から書く。それから文字を埋める。枠を書いて埋めるのは、画家が人物像を描くときと一緒です。画家は、鼻から描きはじめたりしません。まずは輪郭を描いて、各パーツの位置を決め、そして細かいところを描きだします。

ぜひこの機会に、一度社内を見渡してみてください。驚くほど文字だらけの資料が多いことに気づくはずです。

Road to Executive

一流は、図解で説明する

視覚を使って情報を伝達する

Chapter 2

説明の組み立て方

説明の適正時間

三流は、漠然と設定し、二流は、説明のボリュームで設定し、一流は、何で設定する？

あなたは説明するとき、どうやって説明の時間を設定しますか？ 漠然と設定しますか？ それとも説明のボリュームで設定しますか？

一流は、まず相手の許容時間を見極めます。つまり**「どのくらい説明の時間が許されているか」**です。

例えば初対面の人がいきなり5分も10分も自己紹介をしてきたら、だんだん聞くのが嫌になってきますよね。自己紹介で許容されているのは概ね1分程度です。時間がなく、早く本題に入って欲しいのに、雑談ばかり続く打ち合わせはどうでしょう。だんだんとイライラしてくるかもしれません。

10分だけと言うから時間を取ったのに、営業マンがいきなり自社の歴史を長々と語りだしたら、その商談は確実に失敗します。
これらはすべて、相手の許容時間を把握していないときに起こる事故です。
事故を起こさないための、簡単な方法が3つあります。

① ズバリ聞く

「本日は1時間くらいお時間平気ですか?」「10分ほどお時間いただいてもよろしいでしょうか?」。この確認です。

「了解です!」であれば時間が許されている証。「りょ、了解です。。。」であれば、あまり時間がないのかもしれません。まずは聞いて把握します。

② 察する

ズバリ聞けないときもあります。そのときは、「察するに徹する」です。相手の許容時間を感じ取るということ。「今日は天気がいいですね」と一声かけて、その返しを見れば、無駄な会話が好きかどうかは、だいたいわかります。また、あまり時間がなさそうであれば、本題からサッと入ってポイントを絞って説明すると喜ばれます。

なぜかソワソワしている人は、そのあとのスケジュールがパンパンなのかもしれません。ファーストコンタクトの雰囲気、表情、仕草で察し、相手の許容時間を把握します。

③ 先に提示する

ただ、「どうしてもこれくらいは説明の時間が欲しい」という場面もあります。そのときは、先に時間を提示します。「今日は60分お時間を頂戴します。○○様にとって、ものすごく大事なお話があります」と。先に時間がわかれば相手も安心できます。時間がかかる理由も説明できれば、なおいいです。

説明する前に、「自分にはどれだけ時間が許されているか」、相手の許容時間を把握すること。これは相手の立場に立ってコミュニケーションが取れる証拠。相手から信頼されます。その逆が自分本位です。自分の基準で説明時間を設定する人は、その時点で気遣いがないと判断され、説明する前にアウトです。

思いやりのある姿勢は確実に相手に伝播します。相手に合わせたコミュニケーションを取ることが一流への登竜門です。

Road to Executive

一流は、相手の許容時間で設定する

☑ 説明が許されている時間をキャッチする

説明の準備

三流は、プロセスから考えはじめ、二流は、結論から考えはじめ、一流は、何から考えはじめる？

いきなりですが、質問です。「結論から話す」とネットで検索すると、何件くらい記事がヒットするでしょうか？

答えは、なんと1000万件です。「プレゼンがうまくなる」で600万件、「伝わる話し方」が400万件ですので、実に多くの人が「結論から話せるようになりたい」、そう願っているかが窺えます。

確かに、ダラダラと説明するより、結論がハッキリしているほうが、言いたいことが明確でわかりやすいです。

ただ、本当に結論から話すことが、上手な説明と言えるでしょうか？

「先日頼んだ資料、できた？」と聞かれた場合は、「できた」or「できていない」と真っ先に結論を伝える必要があります。売上の達成状況を聞かれたときも、「現状は○○です」と結論から伝えるべきです。

でも、部下から突然、「明日から退社時間を15時にします」と言われたらどうでしょう。急にそんなことを言われても……。まずは結論よりも、その背景を知りたいですよね。

つまり、状況によって変わるということです。

人間は自分が聞きたいことだけ聞きたい。これが本音です。無駄な情報をたくさん仕入れると、生きていく上で大切な情報を見逃してしまうからです。

一流は、説明するときに何からはじめるか？

一流は、まず相手の頭の中を想像しはじめます。

例えば、売上の達成状況、商談の結果、依頼したことの進捗など、YES・NOがハッキリしているものは結論から聞きたいだろう。逆に、前提や背景が必要なものは、結論よりも詳細から聞きたいだろうと。

普段から、「結論は？」が口癖の人には、結論から。

「根拠は？」が口癖の人には、まず根拠を示してそのあとに結論を。

悩みを相談された場合は、うかつに結論を伝えることは禁物です。相手は結論を求めていないことが多いからです。充分聞き取った上で、それでも相手がアドバイスを求めているようであれば、そこではじめて「こうしたほうがいいですよ」という結論を伝えます。

「相手の頭の中を想像する」と言うと、一見難しく聞こえるかもしれません。そんなときは、「今、相手の頭の中は、３つのうちどれだろう？」を考えてみてください。

①まずは結論から知りたい
②前提、背景、根拠といった詳細から知りたい
③まだ結論を求めていない（話を聞いて欲しい）

どれかにヒットします。

説明とは、わかりやすく解き明かすこと。誰に解き明かすのか？　それは間違いなく「相手」です。相手の頭の中が想像できて、はじめて説明の入り口に立てるのです。

Road to Executive

一流は、相手の頭の中から考えはじめる

☑ 相手によって伝え方を変える

演繹法

三流は、説明に筋が通っておらず、二流は、事実を重視して結論を導き、一流は、何を重視する？

「論理的に話せるようになりたい」、そういった声をよく聞きます。

論理とは、簡単に言うと「話の筋道」です。有名な一節で、「人間はいつか死ぬ」→「ソクラテスは人間である」→「ソクラテスはいつか死ぬ」があります。筋が通っています。

これを**「演繹法《えんえき》」**と言います。前提に当てはまる事実から、結論を導く方法です。

例えば、次のようなものです。

【前提】遅刻をしない人って信頼できるよね
【事実】田中さんは1回も遅刻したことがないよね
【結論】だから田中さんは信頼できるよね

【前提】→【事実】→【結論】で語ると、筋が通っているように感じます。

しかし演繹法には、最大の弱点があります。それは「前提が間違っていると、論理が破綻する」ということ。

先の例、【前提】「遅刻をしない人って信頼できるよね」というのは本当でしょうか？　遅刻をするけど、信頼されている人もいます。毎回会議に遅れて登場する社長もいますが、信頼されている人も多いと思います。そもそも信頼の定義も皆さん違いますしね。前提が崩れると、「田中さんは遅刻をしないから信頼できる」とは言えなくなってしまいます。

相手と前提が違えば、結論も変わる。ココがポイントです。

だからこそ一流は、**演繹法を使うとき、死ぬ気で前提を一致させにいきます。**そこが一致しないと先に進めないからです。

例えば、「私は、遅刻をしない人は信頼できると思っていますが、○○さんはどう思いますか？」と、まず前提を合わせにいきます。前提に納得してもらってから、次の事実、最後の結論と進めます。

もう1つ別の例を。旦那さんにトイレ掃除をお願いするとき。

「トイレ掃除をすると運気が上がるって言うじゃない」（前提）

「○○社長も毎日欠かさずトイレ掃除してるんだって」（事実）

「だからあなたもトイレ掃除はじめてみない？」（結論）

演繹法で語るとこうなります。

やはりポイントは前提。「運気が上がるなんて聞いたことない」「そうは思わない」と、前提が腑に落ちなければ、そのあと何を言っても響きません。そこで、

「トイレ掃除をすると、運気が上がるって聞いたことない？」

「トイレ掃除って、ストレス解消効果がありそうな気がしない？」

「松下幸之助さんは、仕事と同様に掃除を愛したらしいよ」

など。まず、「トイレ掃除をするといいことがある」→「確かにそうだね」という**前提を取りつけにいきます。**それから、事実、結論です。

逆に、相手の論理を崩すときは、前提を確認するのがベストです。

「そうとは言い切れないですよね」「そもそもその前提は合ってます？」という問いです。

演繹法で説明すると、話の筋が通っているように感じます。ただ、万能ではありません。より最強にするために、「相手と前提を一致させる」。これが絶対必要です。

Road to Executive

一流は、前提を重視する

演繹法の欠点を見抜き
対策を打つ

帰納法

三流は、何の根拠もなく語り、二流は、事実を並べて語り、一流は、どのように語る？

論理的な話し方で、もう1つ有名な方法があります。
それが**「帰納法」**です。帰納法とは、複数の事実から結論を導くやり方です。

例えば、次のような提案。
【事実】『鬼滅の刃』が大ヒットしています
【事実】『呪術廻戦』も大ヒットしています
【事実】『シン・エヴァンゲリオン劇場版』も大ヒットしています
【結論】今は空前のマンガブームです。当社でもマンガの要素を取り入れた商品を開発しませんか？

複数の事実を展開したあとに、結論を述べる。これが帰納法です。

しかし、帰納法にも弱点があります。それは、「たとえ複数の事実があったとしても、結論が正しいとは限らない」ことです。マンガがヒットしているからといって、自社でもヒットするとは限りません。

例えば、友達に「年収を上げたい」と相談したら、「ランニング専門誌が行った調査によると、皇居の周りを走る男性ランナーの半数以上が年収700万円以上なんだって。だから皇居を走ってみたら？」と言われました。

アドバイスはうれしいですが、あまりピンとこないですよね。確かに皇居の周りを走っている人の年収は高い、というデータはありますが、皇居を走っていない方でも、年収700万円以上の方はたくさんいるでしょうし、他にもやり方はありそうです。

そこで、どうするか？

実は、**「帰納法は結局、仮説でしかない」**のです。いくら複数事実を並べても、結論が正しいとは限りません。信憑性を高めるために100個も200個も事実を並べていたら、それこそ大変です。だから、仮説でしか結論が言えないのです。

仮説で結論を言うとは、こういうことです。

【事実】今、糖質、脂質、タンパク質といった3大栄養素を耳にする機会が多くあります
【事実】胃腸を休めるために半日断食をする人も増えました
【事実】グルテンフリー（小麦を抜いた食事）の書籍もヒットしました
【結論】今、空前の健康食ブームがきていると思います

【事実】田中社長は朝5時に起きています
【事実】鈴木部長も朝5時に起きています
【事実】私の友人も朝5時には起きていて、彼もなかなか仕事ができます
【結論】私の知る限り、早起きしている人は仕事ができる傾向にあるようです

「思います」「傾向にあるようです」はすべて仮説です。

帰納法で言い切ると、「そうとは言い切れんだろ」という突っ込みが入る可能性があります。

複数事実があるからといって過信しない。言葉の細部まで用意周到なのが一流です。

Road to Executive

一流は、複数の事実を並べたあとに、仮説で語る

☑ 帰納法の欠点を見抜いて対策を打つ

問題解決

三流は、問題を把握できず、二流は、問題を分解して考え、一流は、どのようにして考える？

「ロジカルシンキングのキング」と言っても過言ではない存在。それが「ロジックツリー」です。状況を把握したり、問題を解決するときに使うフレームワークです。

例えば、「よく眠れるサプリメント」を販売するとします。販売するにあたり、お客様に何を説明すべきでしょうか？　ロジックツリーを使って把握してみましょう。

下の図のように、**事前に把握できていれば、お客様が聞きたいことを逃すことはありません。**また、どこをメインに打ち出していくかも決めやすくなります。

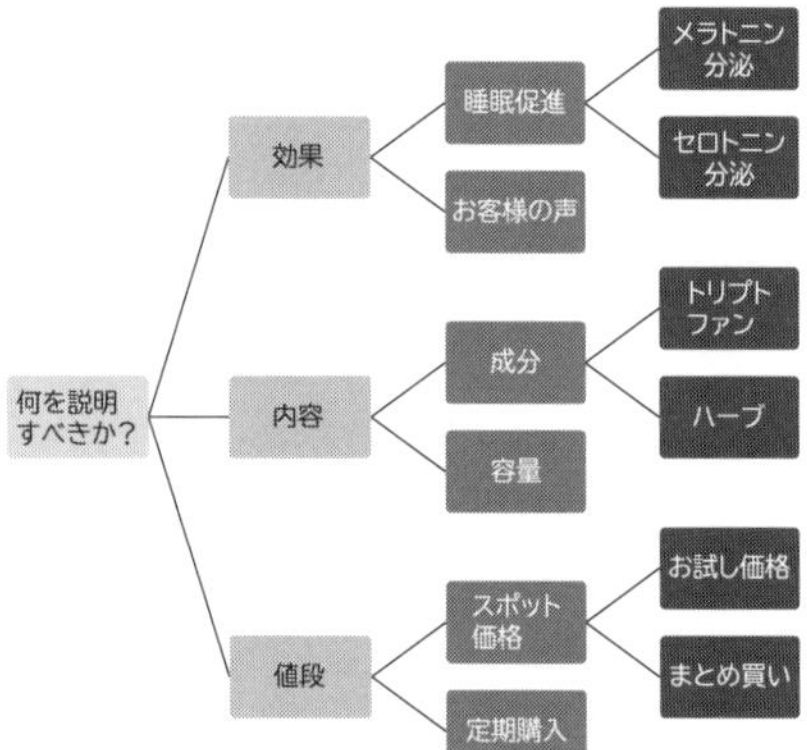

「何を?」を分解すること。これを**「What：要素分解ツリー」**と言います。物事の要素を網羅的に把握するために使います。

では、サプリが思ったほど売れなかったとします。上司に「なぜ売れなかったの?」と説明を求められました。

これもロジックツリーを使って把握します。しっかり原因を把握すれば、本当の解決策が見えてきます。

「なぜ?」を分解すること。これを**「Why：原因追究ツリー」**と言います。問題に対して、原因を列挙し、根本的な原因を突き止めるときに使います。

仮に、一番の原因が「そもそも商品が知られていない」だったとします。上司に「どんな対策を実施するの?」と説明を求められました。

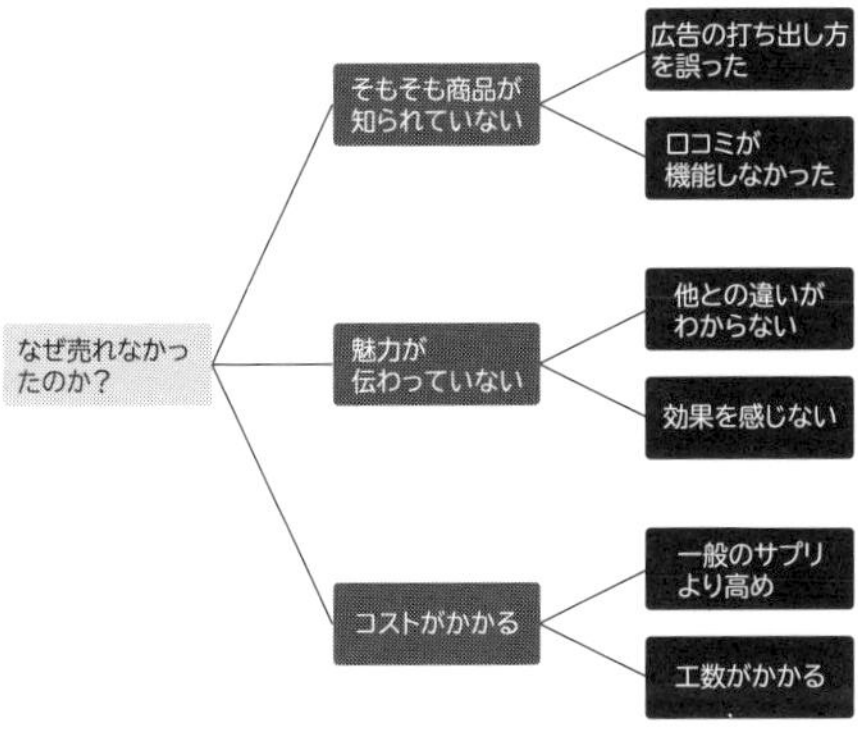
なぜ売れなかったのか?
そもそも商品が知られていない
広告の打ち出し方を誤った
口コミが機能しなかった
魅力が伝わっていない
他との違いがわからない
効果を感じない
コストがかかる
一般のサプリより高め
工数がかかる

これもロジックツリーを使います。

あらゆる打つ手を模索し、その中から解決策を選択したほうが、場当たり的な対策を打つことがなくなります。

「どのように?」を分解する。これを**「How:問題解決ツリー」**と言います。解決したい問題に対し、対策を列挙して、本当にやるべきことを発見するときに使います。

何を聞かれても最適解を即答する人がいます。それはツリーのように全体が見えているからです。

一流と言われる人ほど、このツリーを高速で描きます。

しかも状況に応じて3つのツリーを使い分けます。

慣れてくれば3分くらいでツリーが描けるようになります。もっと慣れてくれば、頭の中だけで整理できるようになります。ぜひ、ロジックツリーを自由自在に操り、最適解を導く思考回路を養ってみませんか?

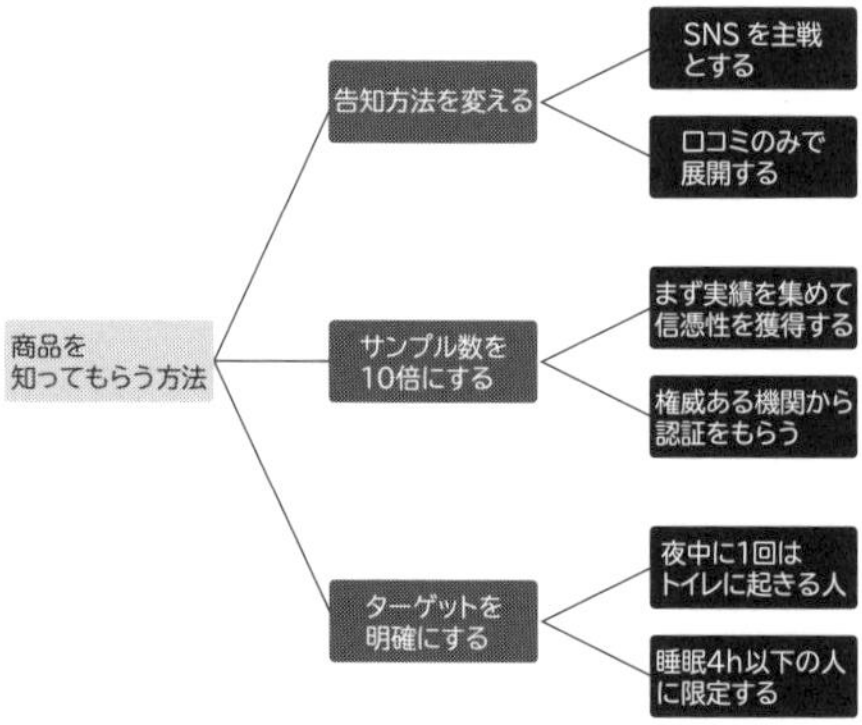

Road to Executive

一流は、3種のツリーを駆使して考える

☑ What、Why、How のツリーを状況によって使い分ける

体系的にまとめる

三流は、話がバラバラになり、二流は、なんとなくまとめようとし、一流は、どうやってまとめる？

突然ですが、2020年の流行語大賞と言えば何でしょう？

答えは「3密」です。換気が悪いところは避けましょう。人がたくさん集まるところは避けましょう。互いが手の届く距離にいることは避けましょう。これを、密閉、密集、密接と言い、「3密」というフレーズが全国に広まりました。

整理すると、

3密		
密閉	密集	密接
換気が悪い場所	人がたくさん集まる場所	互いが手の届く距離にいること

こんな感じになります。

ひと言で伝わる言葉は、その言葉が素晴らしいこともさることながら、その考えがビックリするくらい体系的に整理されているのです。

これは、流行語に限った話ではありません。メンタリストＤａｉＧｏさんが作られた動画配信サービス『Ｄラボ』もそうです。

知識のNetflix	
エビデンス	科学的根拠をもとにした動画が見放題
使いやすさ	気になるところからいつでも再生可能
時間	音声でも楽しめて隙間時間を有効活用

非常に体系的に整理されており、爆発的な人気を誇っています。体系的に整理されているからこそ、説明が相手に伝わるのです。

「体系的に整理するのは苦手……」、そう思われる方もいるかもしれませんが、大丈夫です。整理する型を教えます。それが**「総論→各論→具体論」**の型。

総論		
各論	各論	各論
具体論	具体論	具体論

例えば、提案内容を整理するときは、『総論＝商品名』『各論＝予算、納期、品質』『具体論＝予算は○○円、納期は○○まで、品質は○○レベル』のような感じで埋めていきます。

これだけです。毎回整理するのではなく、整理する型を覚えるのです。

お弁当箱に仕切りを作って、おかずを詰めていく、そんなイメージです。仕切りがないと、ごはんとおかずがグチャグチャになって大変ですが、それは説明も一緒です。ちゃんと分かれていないと話がバラバラになります。

一流は、一瞬で話を整理します。それは整理する型を持っているからです。

Road to Executive

一流は、「総論→各論→具体論」の型でまとめる

☑ 枠組みを書くことからはじめる

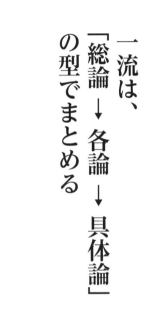

急な報告

三流は、言葉に詰まり、二流は、「所感」を語り、一流は、何を語る？

急に報告を求められると、慌てますよね。
「昨日の○○商事様、ウチに依頼くれそう？」と聞かれた場合。
「○○商事様ですか。え、え～っと……あの～」
この時点で、上司のイライラスイッチはＯＮになります。
それを防ぐため、即答しようと頑張ったとします。
上司「○○商事、ウチに頼んでくれそう？」
部下「少し検討したいようです」（即答）
上司「検討って何を？」
部下「金額が気になるみたいです」（即答）
上司「金額が気になるって言ってたの？」

部下「そうは言ってませんが、金額を見たときに渋い顔をしていました」（少し怪しくなってきた）
上司「では、何を検討するって言ってたの？」
部下「他とも検討したいと……」（だいぶ怪しくなってきた）
上司「他ってどこ？」
部下「聞いていません……」（ちゃんと商談してきたのか怪しい）

即答しようと頑張っても、「検討したいようです」「金額が気になるみたいです」のような所感だらけだと報告になりません。

報告とは状況や結果を述べること。つまり「事実」です。実際にあったことを伝える。ビックリするくらい当たり前の話ですが、急に質問されると、気持ちが先走り、自分が感じたことや感想を述べてしまうのです。

かくいう私も20代の頃、「それはお前の所感だろ！」と何度激怒されたことか……。事実を伝えるのはそんなに難しいことではないはずです。でも、突然聞かれて焦ったり、後ろめたいことがあってそれを隠すために必死で何かを話そうとすると、ドツボにハマる。

そんな経験が何度もありました。

ここで言う事実とは、「契約はいただけたか、いただけなかったか」「お客様はなんと言っていたか」です。

事実をベースに報告すると、

「その場では決まりませんでした（事実）。他社とも比較したいとおっしゃってました（事実）。比較したいポイントを確認したところ、金額ということを言われてました（事実）」

その上で、所感。

「金額が合えば受注できると思います（所感）」

「再度見積を提出して検討していただこうと思っています（所感）」

となります。

「事実→所感」の流れで話す。

報告はビジネスマンにとって基礎中の基礎です。ただ、実際は事実と所感をごちゃ混ぜにして報告する人であふれています。報告は徹底的にわかりやすさを追求し、事実と所感を明確に分離する。基礎こそ徹底するのが、一流です。

Road to Executive

一流は、「事実」から「所感」を語る

報告する前に
「事実」と「所感」を分ける

道を聞かれたら

三流は、その場から逃亡し、二流は、現在地から説明し、一流は、どのように説明する？

唐突ですが、あなたは道案内が得意ですか？　実は、道案内にも説明力を高めるヒントが眠っています。

例えば、こんな道案内をされたらどうでしょう？

「あそこの道をまっすぐ行って、２つ目を左に曲がって、薬局を右に曲がって、そのまま行くとあります」

「あそこの道？」「２つ目？」「そのまま？」。よくわからないですよね。

わかりにくい説明は、

①目的地までのイメージがつかない

②抽象的でよくわからない

こんな状態になります。

では、次の道案内だったらどうでしょう。

「だいたい歩いて5分くらいですね」（まず目的地までのイメージ）

「目の前の通りをまっすぐ歩きます。2つ目の信号を左に曲がります。10メートルほど進むと右手に薬局があります。薬局を右に曲がると目的地です」（具体的に伝える）

だいぶイメージしやすくなったと思いませんか？

私は、新型コロナが発生する前、出張でよくホテルに宿泊していましたが、フロントの方に道を尋ねることがたびたびありました。道を聞くと、ホテルの方が最初にすることがあります。何だと思います？　そう「地図を見せる」です。まず目的地を指します。そして具体的な説明をしてくれます。どのホテルもみんなそうです。

道案内をする交番のお巡りさんは、土地勘のない人にはまず、「だいたい、大人の足で○分くらいですね」と伝えるそうです。カーナビも、まず「目的地まで○分です」。それから細かい道案内をしてくれますね。

①目的地までざっくりイメージしてもらう

②それから具体的な説明に入る

これはまさに説明の基本です。大きなものから小さなものへ、の順番です。

これを**普段の説明に置き換えると、「概論から細論へ」となります。**

何も理解していない人に、いきなり細部から説明するとパニックになります。

かくいう私も、新卒の頃、自分の会社を説明するのに大変苦労しました。私が入社した会社は、人材派遣の会社です。今でこそ認知されていますが、当時（20年前）、人材派遣と言うと決まって「何の会社？」と聞かれました。私は、詳しく説明しようと頑張るわけですが、相手によくポカンとされました。以来、こう説明するようにしました。

「人材の銀行みたいなものです」（概論）

「必要なときに即戦力を提供する会社です」（細論）

仕事をしていると、「○○って何ですか？」と聞かれることがあります。

そのときに細かい説明をしようとしたら、一旦停止しましょう。1回で理解してもらうには、まずは概要を把握してもらうこと。それから細部を語ること。これが鉄則です。

Road to Executive

一流は、目的地から説明する

☑ 「概論から細論」の流れで説明する

Chapter 3

説得力が増す説明

三流は、説得する説明の流れを持っておらず、二流は、PREP法を使って説明し、一流は、どのように説明する？

PREP法をご存じでしょうか？　説得力のある話の流れとして、ビジネス業界では超有名なフレームです。Point（結論）→Reason（理由）→Example（具体例）→Point（結論）の順番で話すと、言いたいことが明確になり、説得力が増すというものです。

例えば、ダイエットをしたいと思っている人に伝える場合。

Point（結論）：ダイエットには、さばの水煮がおすすめです。

Reason（理由）：なぜなら、低糖質で高タンパク質だからです。

Example（具体例）：さばの水煮は、糖質が0・6グラムとほぼゼロで、タンパク質は30グラムと超豊富。タンパク質は筋肉のもとになるので、代謝が上がり痩せやすくなります。しかも缶詰なら安くてどこでも買えて、1缶でお腹がいっぱいになります。

Point（結論）：だからダイエットにはうってつけです。ぜひ、さばの水煮をおすすめします。

ＰＲＥＰの流れで話すと、結論が明確で、理由もあり、具体例もあってイメージもしやすいです。

しかし、一流はさらに上をいきます。**相手によってPREPの流れを変えるのです。**

例えば、ある営業マンが、「営業エリアを限定したい」と上司に提案したとします。ＰＲＥＰの流れを忠実に行うとこうなります。

Point（結論）：私の営業エリアは、新宿区に限定したいと思います。
Reason（理由）：なぜなら営業効率がいいからです。
Example（具体例）：新宿区に限定すれば、1日5件訪問できます。今のままでは3件が限界です。
Point（結論）：だから私の営業エリアは新宿区に限定したいと思います。

結論が明確で、言いたいことが整理されていて、説得力がありそうです。ただ、上司によっては、いきなり、「営業エリアを限定したいと思います」なんて結論から話したら、「そんなこと言ってないでもっと営業しろ」と言うかもしれません。

そこで、順番を変えてExample（具体例）→Reason（理由）→Point（結論）の流れで話します。

Example（具体例）：たくさん営業できる方法を模索してまして、例えば新宿区に限定すれば1日5件訪問できます。今のままだと最大で3件です。

Reason（理由）：地域を限定すれば、もっと営業効率が上がりそうです。

Point（結論）：なので、営業エリアを新宿区に限定したいと思いますが、いかがでしょうか？

前述の言い方が直球なのに対して、後述は少しマイルドになったと思います。

ＰＲＥＰ法はビジネス界の王道として知られていますが、相手に伝わることが目的なら、躊躇なく流れを変える。既成の枠に囚われないのが一流の発想です。

Road to Executive

一流は、PREP法の順番を変えて説明する

☑ 相手に納得してもらえるように
いつでも流れを変える

協力を仰ぎたい

三流は、やることを説明し、二流は、目的を説明し、一流は、何を説明する？

会社の長期計画を実現する、新しいプロジェクトを立ち上げる、社内のルールを変更する、地域の催し物を開催する。これらを実現するのに、1人では何もできません。だからこそ、各関係者に説明し、協力を仰ぎます。

では、協力してもらうには何から伝えるべきか？

その答えは**「目的」**です。つまり**「何のためにそれをするのか？」へのアンサーです。**

何の理由もなく、突然「今日の午後までにこの企画書仕上げといて」と言ったら、相手のモチベーションは下がります。さらに「つべこべ言わず指示に従え」なんて言ったら、反発も生まれます。やはり目的を伝えることが大切です。

では、目的を伝えれば、みんなが動いてくれるでしょうか？

おそらく、そううまくはいきません。

例えば、社長が会社を創業した目的、理念、ビジョン、ミッションといったものを社員に伝えても、どうも社員に響いていない、自発的に行動しようとしない。笛吹けど踊らずということがよくあります。

また、何かを説明する際、「いつも目的から話すようにしているのに、なかなか動いてもらえない……」という声もいただきます。

目的を伝えても動いてもらえない。この現象が起こる理由はたった1つ。それは、「目的と個人の関係性が薄い」、これが原因です。

いくら、もっともらしい目的を語っても、それが個人にどう影響するのかが、イメージできないと、人は本気で動きません。

例えば、「業界に革新を起こすため、プロジェクトを立ち上げました」と言っても、それが実現されると自分に何が起こるのかが紐づかないと、やる気に火は灯りません。

そのプロジェクトが実現されると、「多くのスキルが身につく」「たくさんの方から感謝される」「生活が豊かになる」「歴史に名を刻むことができる」といった個人のメリットへの紐づけが必要です。

よく、人の心を動かすプレゼンテーションとして取り上げられるのが、スティーブ・ジョブズ。ジョブズは、なぜ聴衆の心を捉えたのか？　それは、自分に関係があるからです。例えば iPhone のプレゼンなら、「自分が iPhone を使ったら、何が実現できるか」「どんな未来が待っているか」、聴衆はワクワクしました。個人の生活にドンピシャで紐づいた瞬間です。

目的は単体では機能しません。目的と個人の関係性が強くなったとき、はじめて熱狂が生まれます。

実現したいことを説明するときは、

・目的 ＝ 何のためにそれをするのか？
・個人への関係性 ＝ それを実現すると自分に何が起こるか？

この2つがバチッと合った瞬間、聞き手に覚醒が起こり、爆発的に動きだすときがやってきます。

Road to Executive

一流は、目的と個人の関係性を説明する

☑ 相手が得られるメリットを全力で伝える

意見が対立したら

三流は、黙ってしまい、二流は、相手に合わせて妥協し、一流は、どう対応する？

仕事をしていると、意見が合わず、対立することも結構ありますよね。

結論からいきます。**対立したら、ファクトで勝負してください。**ここで言うファクトとは事実。つまり実際にあった出来事や数字です。

白熊が白いのは事実です。『鬼滅の刃』がヒットしているのは誰が見ても明らかです。興行収入が400億円となり、『千と千尋の神隠し』を超え歴代1位となりました。

仕事でも、「なんとなく売れそうです」と言うのと、「1000人に実際に使ってみていただいたところ、80％の人がすぐに欲しいと回答しました」では、説得力がまったく違います。やはり、ファクトに勝るものはありません。

最近noteというブログ版SNSが爆発的な伸びを見せています。これを社内で活用し

たいと思ったときに、
「自社でも note を使って発信していきましょう。なぜなら流行っているからです」
これでは、納得してもらえません。ファクトベースで語るとこうなります。
「ここ1年で、ＬＩＮＥのユーザー数は７９００万人から８２００万人に増加しました。Facebook は２９００万人から２６００万人と下降気味。Instagram は２９００万人から３３００万人と上昇傾向です。そして、ここ1年、１０００万人から６０００万人に爆発的に伸びたＳＮＳがあります。それが note です。多くの方にアプローチすることが可能になります。ぜひ自社でも活用したいと思いますが、いかがでしょうか？」

一流の人が説得力が高いのは、多くのファクトを積み上げて、説明しているからです。

よく報道番組に出演されている2ちゃんねる創業者のひろゆきさん、橋下徹さん、東国原英夫さんなどのコメントを吟味すると、ほとんどファクトベースで持論が展開されていることに気づきます。非常に説得力があり、番組にひっぱりだこです。

話を戻します。意見が対立したら、やるべきことは２つ。

1つ目は、あなたのファクトを明確にする。

○○と主張するのは、

・○○という調査結果がでたからです。

・○○という数字をもとに算出しています。

・○○商事の○○さんが○○と言っていたからです。

事実をもとに論陣を張ります。

2つ目は、相手のファクトを確認する。

逆に、相手はどういったファクトを持っているのか？

ストレートに聞くと相手の気に障ることもあるので、

「もし差し支えなければ、そうおっしゃる理由をもう少し具体的に教えていただいてもよろしいでしょうか？」

「勉強不足で申し訳ありません。そういうデータがでていたりするのでしょうか？」

と聞くと、角が立ちにくいです。

一流は、違うものは違うと言える腹があります。それはファクトを握っているからです。

Road to Executive

一流は、ファクトを積み上げる

☑ 事実を並べて意見を言う

説得材料

三流は、なんとなく提案し、二流は、主張と根拠を明確にし、一流は、どう提案する？

主張するときに利用できる**「ピラミッドストラクチャー」**というフレームワークがあります。天辺に結論があり、その下に根拠を並べていくものです。

結論＝「私は○○だと思います」、根拠＝「理由が3つあります」みたいな感じです。

例えば、あなたがホームページの制作先を提案するとしましょう。ピラミッドにするとこんな感じ。

結論：「HPの制作はA社にお願いしたいと思います」

根拠：「理由が3点あります。1点目はコストが安いこと。2点

ピラミッドストラクチャー

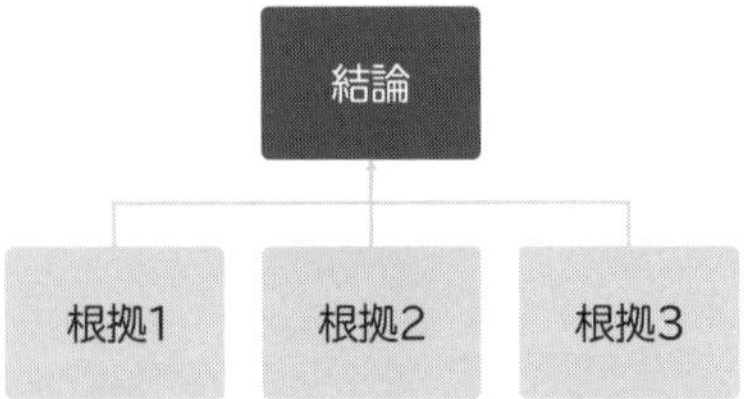

目は実績が豊富であること。３点目は納期が早いこと」ピラミッドストラクチャーは、わかりやすく説明する鉄板フレームです。多くの方が使用していると思います。

しかし、**ピラミッドストラクチャーには最大の弱点があります。**

それは「横からの風に弱い」こと。

風がまったく別の切り口から吹いてくると、もろくも崩れます。

例えば、「ＨＰの制作はＡ社にお願いしたいと思います」に対して、「自社でＨＰを作ればいいんじゃない？」という、外注ではなく内製という切り口。また、「デザインだけ作ってもらって、中身は自社で作成すれば？」という半分外注、半分内製という切り口。

別の切り口から吹いてくると、それに答えられず、「次回までに調べておきます」となってしまいます。これだと、その場で決まりません。

主張と根拠は明確だが、その場で決めきれない。これは二流です。

一流はどうするか？

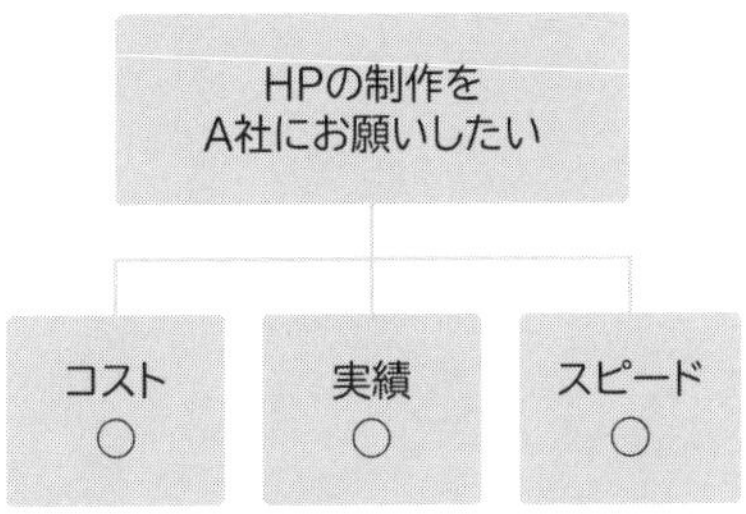

予め、複数の切り口でピラミッドを作ります。

説明するのは、1つのピラミッドです。しかし、他のピラミッドでも検証済みということ。

「自社で制作する案も考えました。確かにコストは安く済みますが、実績もなく時間も相当かかります。半分外注するという案も探りましたが、逆にコストがかかります。よって、A社にお願いするのがベストだと考えました」

俯瞰して、他の切り口も考えます。これは一流が得意とするものの見方です。

まず、結論と根拠を考える前に、複数のピラミッドを用意してみること。きっと、あなたの主張は何倍もの説得力を持つはずです。

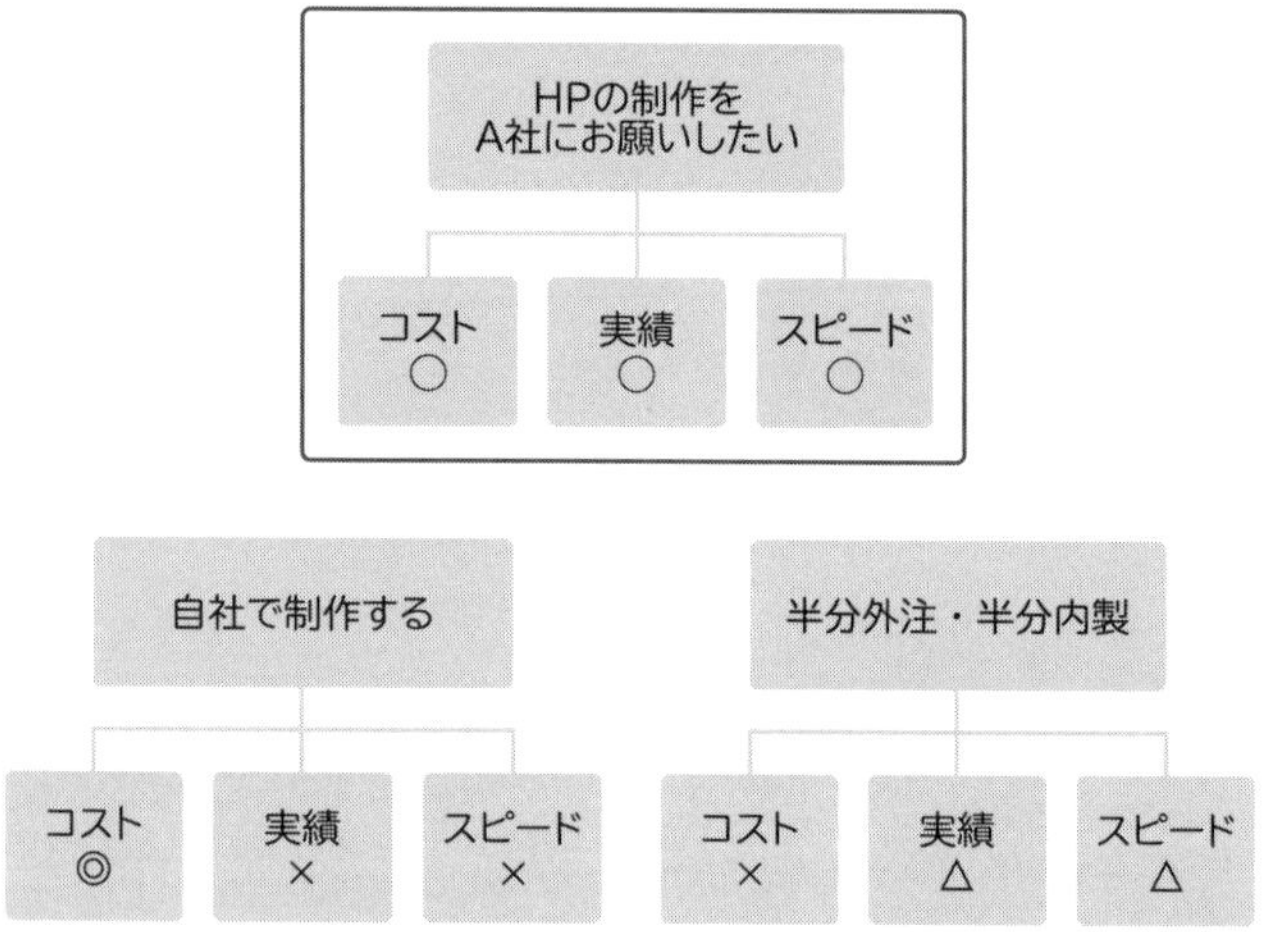

Road to Executive

一流は、複数のピラミッドを用意する

☑ 他の切り口でも検証済みにしておく

言いづらいこと

三流は、言う勇気がなく、二流は、正論をぶつけ、一流は、どうやって説明する？

例えば、仕事でムチャぶりされたとき、「ＮＯ」と言うのが難しい場合があります。

そんなとき、本当は嫌なのに何も言えず受けてしまう人は三流、「忙しいから無理です」と正論をかざす人は二流です。

一流はどうするか？　アサーティブに説明します。アサーティブとは、**無理に自分の意見を押し通すのではなく、相手の意見を尊重しながら、素直に自己主張することを言います。**

まずは、相手の要求をじっくり聞きます。

「明日までに仕上げないといけないのですね。なるほどそういうことでしたか。それはとっても急ぎですね」

それから自分の主張をします。

「大変申し訳ありません。できればなんとかしたいのですが、明日までスケジュールがいっぱいで実施するのが難しい状況です」

もし対案があるのなら、

「明日は難しいのですが、来週月曜日までなら実施可能です」

と言えれば最高です。

お客様から理不尽なクレームを言われた場合はどうでしょう。

「それは規約に書いてありますから」と説明したら、「お前では話にならん！　上のものをだせ！」となります。

正論は喧嘩になりやすいのです。そうならないためには、会話のスタートポジションが最大の肝となります。

まず、**2つの目を用意します。1つは相手の目、もう1つは自分の目。**

はじめに、相手の要求をテーブルに乗っける。

そのあとに、自分の主張をテーブルに乗っける。

そうすることでカタルシス効果が生まれます。

カタルシスとは、心理学における「浄化」です。簡単に言えば、「たまったものを取り除く」ことです。

あなたにも、「話を聞いてもらうだけで気持ちが楽になった」「泣いたらスッキリした」という経験はありませんか？

相手の要求を聞くのは、まさに浄化する行為。逆に聞かないのは封鎖する行為です。

だから、まず相手の要求をテーブルに乗っけてもらい、はきだしてもらいましょう。浄化されれば、今度はあなたの話を聞く準備ができます。

アサーティブに説明することで、今まで何も言えなかったり、正論をかざしてバトルになっていたことが、いくらかでも前進するはずです。そうすれば、人間関係は明らかに変わります。

聞く耳を持ってもらえなかったものが、持ってもらえるようになります。

無理に我慢するのではなく、強引に自分の意見を押し通すのでもなく、相手を尊重しながら、自分の意見をきちんと説明する。一流は、常に相手の存在がベースにあります。

Road to Executive

一流は、アサーティブに説明する

☑ 相手を尊重しながら
自分の意見を説明する

議論が進まないとき

三流は、我関せずを貫き、
二流は、何度も持論を説明し、
一流は、何をする？

なかなか議論が進まないときってありますよね。会議やミーティングで、話し合いが暗礁に乗り上げるケースです。あなたならどうしますか？　我関せずを貫きますか？　それとも持論を説明し続けますか？

一流は、論点を設定し直します。

これは実際にあった話です。ある会社では、毎回、現金と帳簿が合わず、苦悩していました。「現金をダブルチェックしたらどうか？」「マニュアルを作成したらどうか？」「教育体制を見直すべきでは？」と、いろいろ意見が飛び交いました。しかし、「本当にそれで現金と帳簿が合わない問題が解決されるのか？」という意見もでてきます。会議は行き詰まり、沈黙時間が流れました。そんなとき、ある人がポツリ。

「『どうしたら現金と帳簿が合うか？』ではなく、『どうしたら現金を扱わなくて済むか？』を考えませんか？」

そうなんです。そもそも現金を扱わなければ、現金と帳簿が合わないこと自体がなくなります。結果、その会社はキャッシュレスを導入することになり、現金と帳簿が合わない問題は解決されました。

論点とは、「最適な答えを導く問い」のことです。**正しい論点を設定すると、一気に議論が動き出します。**

こんなミーティングもありました。売上を伸ばす施策案がいくつも説明されましたが、説明が終わったところで時間切れ。結局何も決まりませんでした。

この場合の大事な論点は、「誰が決めるのか？」です。施策がたくさんあっても、誰が最終判断をするのかが決まってなければ、ただの話し合いで終わります。

「施策を実施する責任者を決めませんか？」というのもいい論点です。

議論が進まないときは、持論を説明し続けるのではなく、最適な論点を説明する。ここが最大のポイントです。

では、最適な論点を見つけるにはどうしたらいいでしょうか?

答えは「疑問形」です。問いをたくさん作ります。

例えば、部下の田中さんがミスを連発する場合。
・「どうしたら田中さんのミスがなくなるか?」
・「どうやって田中さんの意識を変えるか?」
・「どうすれば田中さんに頼まなくても済むか?」
・「どうしたらその業務自体をなくせるか?」
たくさん疑問形を出し、その中からセンターピンとなる論点を発見します。

田中さんを指導するやり方もあれば、他の人にアウトソーシングする方法もあります。そもそも仕組みを変えたり、その業務自体をなくしたり、いろんな解決策が見えてきます。


経営学の権威、ピーター・ドラッカー氏も言います。

「重要なことは、正しい答えを見つけることではない。正しい問いを探すことである」と。

一流はその意味が十分わかっています。だから、議論が暗礁に乗り上げたとき、持論を説明し続けるのではなく、まずは正しい論点を設定し、それを説明するのです。

Road to Executive

一流は、論点を設定し直す

☑ 複数の疑問形を作成し、
センターピンとなる論点を見つける

話がかみ合わない

三流は、かみ合っていないことに気づかず、二流は、相手の理解が足りないと思い、一流は、どう対応をする？

「話がかみ合わない」、そんなときは話の階層がズレているかもしれません。

「話の階層？」って思いますよね。簡単な例で解説します。

「印鑑をなくして、すべて電子決裁にします」と説明したら、「印鑑をなくすのは反対です！」「他にもやり方があると思います！」「印鑑をなくすのは手段であり目的ではないと思います！」といろいろ反対意見がでてきました。こうなると収拾がつきません。

こんなとき「ものわかりが悪い奴らだ」と思ってしまったなら二流です。

「何のために」「何を目指して」「何をするのか」。この階層が合っていないと、いくら説明しても話がかみ合わないのです。

・何のために：コロナ対策としてリモート化を進めたい
・何を目指して：印鑑を押すだけのために出社するのはやめたい
・何をするのか：印鑑をなくして電子決裁にしたい

これを説明しなければなりません。

話がかみ合わないときは、一旦立ち止まります。まずは**話の階層を見直し、相手とどこが合っていないか、答え合わせする時間を設けてください。**目線が合えば、同じ方向を向けるはずです。

こんな、笑えないようなホントの話があります。

新入社員に、「出社したら挨拶するように」と指導しました。新入社員は出社したら、ちゃんと挨拶するようになりました。しかし、お客様が来ても挨拶しません。

そこで、「お客様が来たら挨拶するように」と指導しました。すると新入社員はちゃんとお客様に挨拶するようにな

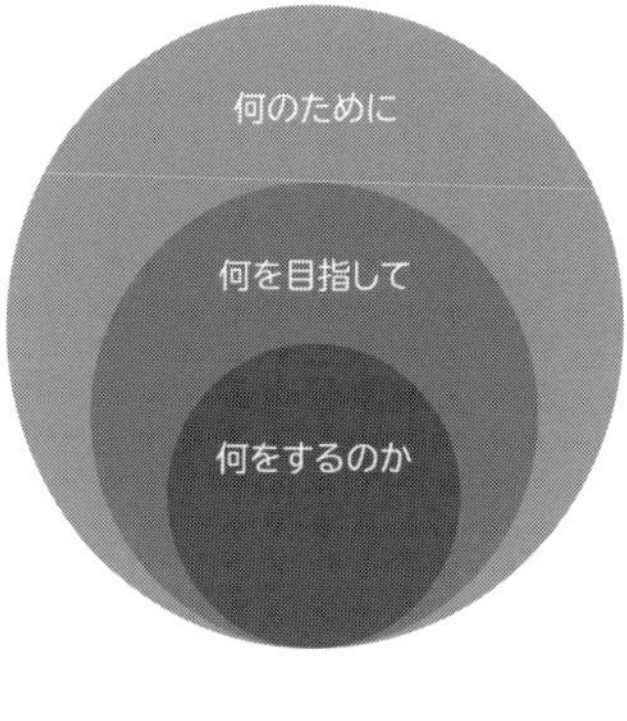

りました。しかし、業者の方が来ても挨拶しません。

そこで、「業者の方にも挨拶するように」と指導しました。新入社員は業者の方にも挨拶するようになりました。

指導した人は、「何回同じこと言わせるの……」と、思ったそうです。

挨拶は基本ですし、誰に対してもするのが普通です。しかし、それが普通でない人もいるのです。

・何のために：関わり合うすべての人に気持ちよく仕事をしてもらいたい
・何を目指して：そのために常に元気を提供できる活気のある職場にしたい
・何をするのか：だから誰に対しても率先して挨拶をして欲しい

この階層が合っていれば、3回も同じことを言わなくて済むはずです。

話がかみ合わなければ、まず「何のために」「何を目指して」「何をするのか」。どこが合っていないのかをチェックしてみてください。

Road to Executive

一流は、階層を合わせにいく

「何のために」「何を目指して」
「何をするのか」を見つめ直す

データを分析して説明する

三流は、データが使えず、
二流は、相関関係をもとに説明し、
一流は、何をもとに説明する？

会社にいるとデータを分析し、説明する機会も多いと思います。説明しはじめた瞬間、「本当にそうなの？」「なぜそう言えるの？」と、突っ込まれた経験はありませんか？

これは、「相関関係と因果関係」を間違えているときによく起こります。

相関関係とは、簡単に言えば「それっぽい傾向がある」ということ。

因果関係とは、「Aが原因でBが起こる」という原因と結果です。

それっぽい傾向があるからといって、「今回のデータから、〇〇が原因であることがわかりましたので、今後は〇〇すべきです」と安易に説明すると、「本当にそうなの？」と思われてしまうのです。

大事なのはちゃんと「因果関係を突きとめる」ことです。

例えば、「たくさん食べたから、太った」。これは相関関係でしょうか？　因果関係でしょうか？「たくさん食べたことが原因で、太ったという結果になったのだから、因果関係でしょ？」と思われるかもしれません。しかし、答えは相関関係です。

確かに、たくさん食べれば太る傾向にあります。ただ、たくさん食べても、その分消費すれば太りません。

「摂取カロリーが消費カロリーをオーバーしたので（原因）、太った（結果）」。これが因果関係です。

繰り返しますが、相関関係は傾向です。因果関係は原因と結果です。相関関係があるからといって、すぐに答えを出そうとすると、「食べ過ぎない」という対策しかでてこなくて、「その分、運動する」という対策が漏れます。

「相関あれど、因果にあらず」。ココがポイントです。

因果関係を掴むには、具体的なやり方があります。

◎ステップ1：逆を考える
◎ステップ2：他も検証する

この2ステップです。

例えば、「広告費を2倍にしたら、売上も2倍になった」とします。これは本当でしょうか?

ちゃんと因果関係を突きとめるべく、まずステップ1。

「もし広告費を2倍にしなければ、売上は2倍にならなかった」と逆を考えます。そう考えると、他にもいろいろ原因がありそうですよね。

そしてステップ2。

売上が2倍になったのは、「時期がよかった」「デザインが好評だった」「特別キャンペーンがヒットした」「営業が頑張った」など他も検証します。

その中で一番の原因だと思われるものを選択し、説明します。

もちろん、どこまで追究しても100%そうだと言える原因を特定するのは難しいです。すべて調べようとしたら膨大な時間がかかります。しかし単純にそれっぽい傾向があるからといって浅はかに説明すると、すぐに突っ込まれます。

それを避けるべく、データを分析し、説明する際は、ほんの少し時間を取って、因果関係を追究する2ステップを行ってみてください。あなたの分析力は確実に高まります。

Road to Executive

一流は、因果関係をもとに説明する

☑ 「逆を考える」「他も検証する」でデータの分析力を高める

説明しづらい相手

三流は、萎縮して説明できず、二流は、強引に説明しようとし、一流は、どうする？

説明しづらい相手っていますよね。説明前からイライラしている、説明しだした瞬間に怪訝そうな顔をする、説明後に猛烈に反論してくる……なかなかキツイですよね。

そんなとき、どうやって説明するかを考えることも大事ですが、まず相手の立場に立って、「なぜ説明を聞こうとしないか？」そこを考えてみましょう。

考えられる理由が5つあります。

①**内容問題**：何を説明しているのかわからない。クレームなのか？ 相談なのか？ 要望なのか？ よくわからないから聞く気がしないケース

②**主題問題**：説明のテーマが聞くに値しない。今、話すことではない。優先順位が低い。自分には関係ないケース

③**物理的な問題**：忙しくて物理的に聞く時間がない。たくさんやることがあり、頭がいっぱい。スケジュールもパンパンのケース
④**信用問題**：そもそもその人を信用していない。ミス連発、何度も約束を破る、仕事が漏れる。それらが多発しており、聞くに値しない人物だと思っているケース
⑤**本人の問題**：たまたまイライラしている。もしくは常に無表情、無反応でそれが標準スタンスのケース

では、どうしていくか？　以下、対策を列挙します。

①内容問題
（1）端的にわかりやすく説明する
（2）説明の内容を納得できるものにする
②主題問題
（1）なぜ今それを話すのか、理由を明確にする（例）「急ぎではないのですが、どうしても事前にお伝えしたいことがありまして」
（2）興味を持ってもらう（例）「顧客獲得につなげるいい施策がありまして」

③ 物理的な問題

⑴ 相手に主導権を握ってもらう（例）「○○の件でお時間をいただきたいのですが、よろしいでしょうか？」。どうするか、相手に選択してもらう

⑵ 先に時間を確保する（例）「3分ほどお時間をいただきたいのですが」

④ 信用問題

何が信用を失う行為だったのかを確認し、信用を回復していくのがベスト

⑤ 本人の問題

イライラしていない時間を見計らって説明する。常に無表情、無反応な人は、それが標準だとして気にせず説明する

以上、相手が説明を聞かないケースを述べました。もちろん自分に否がないケースもあると思います。そもそも誰の話も聞こうとしなかったり、常に理不尽だったり……。ただ、説明するということは、何かしら実現したいものがあるはずです。例えば、決裁が欲しい、プロジェクトを成功させたい、相談することで物事を前に進めたい。それを手にするために、まずは自分を変えていく。そう腹がくくれるのも一流だと思うのです。

Road to Executive

一流は、聞いてもらえない理由を見極める

話を聞いてもらえない
5つの問題から対策を打つ

Chapter 4

プレゼンや人前での説明

説明の流れ

三流は、流れがメチャメチャで、二流は、得意なパターンで説明し、一流は、どのように説明する？

あなたは聞き手によって、話の流れを変えていますか？

人前で話すときの流れは2種類あります。1つは、結論型。もう1つは、展開型です。

結論型とは、「今日、私がお伝えしたいことは○○です」と、結論から入るパターンです。

「早く結論を教えて」という聞き手にはピッタリです。

ただ、最初に結論を持ってくるため、「言いたいことはそういうことね」「それならどこかで聞いたことがある」と、浅く捉えられる可能性もあります。

展開型とは、「昔々あるところに」のように、「先日こんなことがありましてね」とストーリーから入るパターンです。展開型は、話に惹きつけて、ひっぱって、最後に結論を持ってくるため、深いレベルでメッセージが刺さる可能性があります。

ただ、結論までの話が面白くないと、「前段はいいから、早く結論を言ってよ」と、聞き手をイライラさせることもあります。結論型、展開型、まさに一長一短です。

一流は、**聞き手の状態によって使い分けます。**

【結論型】話の内容に興味はあるが、あなたに興味があるわけではない。この場合は結論から説明すべきです。なんせ聞き手は、話の内容を早く知りたいと思っているのですから。そんな中、長々と関係のない話をしたら聞き手の温度はどんどん冷めます。

【展開型】話の内容よりも、あなたに興味がある、またはあなたに好意を持っているという場合は、体験談、結論に至るまでの背景、考え方を伝えてあげてください。最後に結論を持ってくるパターンです。

当社では過去、1万回、セミナーや研修を実施してきました。企業研修を実施するとき、ほとんどの場合、講師と受講生は初対面です。そのときに、講師が冒頭から長々自己紹介すると、「早く本題に入ってくれないかな」と重たい空気になり、会場のボルテージが下がります。そのときは、「今日のテーマは○○です。お伝えしたいポイントが3つあります」と、最初に結論を提示します。

逆に、出版記念セミナーや、自分の名前で開いていただいたイベントは、ある程度、自分に興味を持ってくれている方が集まっているので、これまでの経歴、体験をストーリーで展開していきます。そのほうが喜ばれます。

もちろん、事前に、**聞き手の状態がわからないときもあります。そのときは、ある程度あたりをつけます。**

例えば、何か新商品をプレゼンするようなときは、商品に興味がある方が集まっているでしょうから、結論型で。

研究発表のような場合は、研究結果もさることながら、「何のためにこの研究をしているのか」「どんな背景があって取り組んでいるのか」「何を実現したいのか」、その人の考え方や、研究に至るまでの過程を聞きたいことも多いので、展開型で。

自分の話しやすいスタイルで話すのは二流です。一流は相手が求めているスタイルで話します。人前で話すということは、聞き手の大切な時間をいただいている状態です。その貴重な時間を、聞き手にとって最大限価値ある時間にする。そのために一流は、常に聞き手のことを想像し、話の流れを選択するのです。

Road to Executive

一流は、結論型・展開型を使い分けて説明する

相手の興味の軸を把握して、
話の流れを決定する

話しはじめにやること

三流は、いきなり頭が真っ白になり、二流は、いきなり説明しはじめ、一流は、いきなり何をする？

人前で話しているとき、聞き手が興味なさそうにしている、説明を聞かずに資料をペラペラめくりだす、眠たそうにしている……こんな経験はありませんか？

せっかく気合を入れて準備したのに、こんな状態だと心が折れるかもしれません。しかし、これはやむを得ないこと。人間は自分にとって興味があることしか聞かないからです。

心理学者コリン・チェリー氏が提唱した**「カクテルパーティー効果」**を簡単に解説します。騒がしいパーティーでは、誰が何を話しているかなど、まったく耳に入ってきません。しかし、自分が気になるワードがでた瞬間、急に耳に入ってきます。自分の名前がでた瞬間、「えっ、私のこと？」と振り返ったりします。不要なものには耳を傾けないし、必要なものには聞き耳を立てる。これが人間の特性です。

それを踏まえると、本題に入る前に必ずしなくてはいけないことがあります。それは、**「こ**

の説明は自分にとって重要である」と認識させること。つまり聞いてもらう態勢を作ることです。

聞いてもらう態勢を作るには、人間の**「快楽原則」にアプローチします。**快楽原則とは、心理学者グスタフ・フェヒナーが作りあげ、フロイトが取り入れた概念で、人間は、「快楽を得るために」または「苦痛を避けるために」行動するというもの。快楽とは、楽しいこと、うれしいこと、得すること。苦痛とは、嫌なこと、恐怖を感じること、損をすること。

人前での説明に当てはめると、こうなります。

・快楽＝自分にとって得する情報
・苦痛＝聞かないと損失をこうむる情報

これを本題に入る前に聞き手に認識してもらうのです。

例えば、最近よく聞く、「ビッグデータ」という言葉。これを説明する際、「ビッグデータは、データベースソフトウェアが把握し、蓄積し、運用し、分析できる能力を超えたサイズのデータを指すもので、事業に役立つ知見を導出するためのデータとして問題解決や業務の付加価値向上を……」

なんてはじめられたら、おそらく聞き手は興味を失います。

聞く態勢を作るには、こんな感じです。

◯快楽＝自分にとって得する情報

「ビッグデータを使うと、コンビニなら1時間かけて売れ筋商品を分析して発注していたのが、1分で済むようになります。余った時間は、接客に力を入れたり、商品のポップを作ったりと、売上を上げる施策に使えるようになります」

◯苦痛＝聞かないと損失をこうむる情報

「多くの企業がビッグデータを活用しています。その結果、人件費を1000万円削減し、削減したコストで新商品を開発しています。これからの新商品は、ビッグデータを活用している企業が80％を占めるという予測もでています。活用しない企業は完全に取り残されます」

話しはじめのほんの1、2分のトーク。これがあるかないかで、聞き手の前のめり感が変わってきます。だからこそ一流は、冒頭に全集中します。まずは注目してもらい、聞いてもらう態勢を作ること。そして、聞いてもらう態勢ができたら説明を開始する。これが身につくと、あなたの説明はいつもの何倍も相手に届くようになります。

Road to Executive

一流は、聞いてもらう態勢を作る

☑ 話しはじめに快楽原則にアプローチする

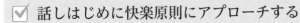

パワーポイント

三流は、いきなり作りはじめ、二流は、構成を考えてから作りはじめ、一流は、何を考えてから作りはじめる？

「パワーポイント（パワポ）で資料を作るのが苦手」。これも全国から寄せられる相談の1つです。

あなたは、どんな手順で資料を作成していますか？

もし、いきなりパワポを立ち上げて、1枚目から書きはじめているとしたら……。その資料は失敗します。考えながら書きはじめると、最初と最後で言っていることが変わったり、1箇所変更すると全部を変えなきゃいけなかったり、ろくなことがありません。

だから、まずは「提案内容」「ポイント」「詳細」「コスト」のように資料に記載する項目を決めてから、パワポを立ち上げて、書きはじめる。このやり方のほうが、わかりやすい資料ができあがります。

でも、**一流は、わかりやすい資料を作ることを目的としていません。**

そもそも、パワポは、プレゼン用に開発されたツールです。プレゼンとは提案です。なぜ提案するのか？　その答えは1つ。**「聞き手に行動を起こしてもらうため」**です。

・お客様に何か購入して欲しい
・プロジェクトを動かしたい
・上司から決裁が欲しい

聞き手のアクションを生み出す行動誘発が最大の目的です。

であれば、構成を考える前に、考えなければいけないことがあります。そう、「どんな行動を起こして欲しいか？」です。

例えば、部長に決裁して欲しいケース。普通は、決裁してもらう内容・理由を記載するでしょう。でも、それだけではダメです。本気で決裁をもらいたいなら、決裁を拒否される可能性、例えば、

・やる意味を感じない
・今やる必要がない
・不安要素がある（失敗したときの代償が大きい、リソースが足りない、予算が足りな

いなど）

それらを解消する内容も資料に盛り込む必要があります。つまり、「起こして欲しい行動によって、内容も変わる」ということ。

いくらわかりやすい資料を作成しても、「言いたいことはわかった」「検討しておく」で終了したら、目的が果たせません。**引き出したいのは「よし、やってみよう！」です。**

余談ですが、なぜパワーポイントというかご存じでしょうか？　直訳すれば、パワー＝力、ポイント＝点、つまり「力点」となります。力点って何？　って思いません？　開発者によれば、「発表者に力を与える」という意味で、パワーポイントとしたそうです。なるほどと腑に落ちました。しかし、私はこうも考えます。パワーポイントは発表者にだけでなく、聞き手にも力を与えるものだと。それは聞き手に行動を起こす力だと。

資料を作成するときは、「誰にどんな行動を起こして欲しいのか？」、これを一丁目一番地に設定してください。それから構成を考えるのです。そうすれば、きっと聞き手に力を与える素晴らしい資料ができあがるはずです。

Road to Executive

一流は、
聞き手に起こして欲しい行動を
考えてから作りはじめる

☑ 起こして欲しいアクションを
設定したあとに、構成を考える

調査結果を説明する

三流は、調査結果だけ説明し、二流は、調査結果を考察し、一流は、何をする？

私が会社勤めしていたときのことです。週末を返上し、月曜日の会議で使う資料を作っていました。調査結果をまとめた報告書です。競合他社の出店地、価格、サービス内容、それこそ膨大な資料です。バッチリ準備して、月曜日の会議に臨みました。そして、私が調査結果を説明しはじめて5分が経過したころ、上司からこう言われました。

「で、何が言いたいの？　調査結果は資料を見ればわかるから」と。

今はネットでたたけばいくらでも情報はでてきます。且つ、資料を見れば結果はわかります。にもかかわらず、調べた結果だけを説明する。私は、まさに三流のレベルのことをしていました。

どうすればよかったのでしょう？　「○○という結果から、○○と言えそうです」と、何か考察すればよかったのでしょうか？　実はこれでも二流です。

一流はどうするか？

「○○という結果から、○○すべきです」

つまり行動まで説明するのです。

例えば、健康診断を受けたとします。お医者さんに、「健康診断の結果、○○さんは肝臓系の数値が6・4でした。これは要注意ラインです。以上です」とだけ言われたら……。「で、どうしたらいいですか？」ってなりますよね。考察されるだけでは物足りません。

「健康診断の結果、○○さんは肝臓系の数値が6・4でした」＝結果
「これは要注意ラインと言えます」＝考察
「お酒は1週間に1度にしてください」＝行動

と、一流は行動まで示します。

私が上司に求められていたのも、「で、どうしたらいいの？」でした。

調査を依頼するほうは、何か解決したいことがあるはずです。そのときは、以下の流れで説明してください。

①結果＝どんな結果がでたか？
②考察＝そこから言えることは何か？
③行動＝だからどうすべきか？

例えばこんな感じです。

①どんな結果がでたか？
調査した結果、第1課の人件費が大幅に予算をオーバーしていました。人員数は増えていません。オーバー分はほとんど採用費です。

②そこから言えることは何か？
採用がうまくいっていないこと。定期的に人が辞めていることです。

③だからどうすべきか？
採用担当、教育担当、私で、採用と教育プランを作り直します。よろしいでしょうか？

結果を伝え、考察し、行動を示すこと。ワンパックで説明するのが一流です。

Road to Executive

一流は、
調査結果から行動を示す

「結果 → 考察 → 行動」の
流れで説明する

惹きつける説明

三流は、ダラダラと説明し、二流は、ポイントを説明し、一流は、どう説明する？

普段の何気ない会話でも、「この人、説明が上手だな」と感心する人がいます。例えば、最近観た映画の話を聞いたとき、「何それ！　観たい！」と欲求を掻き立てる人です。逆に、ひと言で、「へ〜、そうなんだ」だけで終わってしまう人もいます。ほんの1分くらいの話です。それを面白く説明できる人は、たいがい普段のプレゼンもうまかったりします。なぜなら、惹きつける話し方が習慣になっているからです。

惹きつける話し方なんかできない……。そう思われるかもしれません。でも、決して難しいことではありません。惹きつけ方を知っていれば簡単です。

昔から、物語を伝える方法として「起承転結」、能楽の世界では「序破急」があります。映画の脚本では**「ヒーローズ・ジャーニー」**が有名で、ヒーローがピンチに陥るも、大逆転していくストーリーです。

これらの共通点は何だと思いますか？　答えは、**序盤に「事件が起こる」**です。「え！」「何それ！」「おいおい大丈夫？」というハラハラドキドキする展開がやってきます。これが惹きつける着火装置になります。ハッピーエンドは事件が起こるからこそ面白いのです。

２０１７年に大ヒットした『キセキ あの日のソビト』（東映）、GReeeeN の実話をもとにした映画があります。例として、これを題材にしてみます。

「GReeeeN の実話なんだけどね。ある兄弟がバンドをやるんだけど、父親に猛反対されててさ。しかも、弟は歯科大学に通っていて、歯医者を目指しているのね。絶対にバンド活動が父親にバレちゃいけないわけ。で、どうしたと思う？　**（ここで事件）**前代未聞の顔出しナシのデビュー。そこで本当にキセキが起きるんだ」

こんな感じで、途中で事件を起こします。するとストーリーが際立ってきます。

他にも、

「学校の先生の映画でね、ある日、突然両目を失明するの。自暴自棄になって、一時は自殺を考えるんだけど。**（ここで事件）**あることがきっかけでスゴイ夢に向かって挑戦するんだ。最近観た映画で一番号泣した（涙）」

つまり、**面白く伝えようと思うなら、どこかで事件を起こすこと。**これは、途中で「変化を起こすこと」とも言い換えられます。

一辺倒の話はつまらないものです。ジェットコースターだって、ずっと平たんだったらつまらないですよね。急上昇、急降下、「キャー！」「ワー！」があるから面白いわけです。「変化を起こす」。これは、話に惹きつけるときの最大のポイントです。

このメカニズムをうまく活用しているのが、お笑いで言う「緊緩の法則」です。緊張感がある状態を作りだし、ほっと心を緩める話をする。ここに笑いが起こります。

ある講演会で、威厳のある社長が登壇されたとき、冒頭、「私は現在、会社を4社、経営しています」と言います。見た目通り立派な方だな～と思っていると、「ついでに離婚も4回しています（笑）」と。会場は、思わずプッとなるような穏やかな空気になりました。

普段の会話でもプレゼンでも、ちょっとした変化を起こすと、あなたの話は急激に面白くなります。一流は普段の会話でも相手を楽しませます。いつもエンターテインメント精神を忘れません。

Road to Executive

一流は、事件を起こして説明する

☑ 変化を作って説明を面白くする

専門用語の使い方

三流は、自分や自社しかわからない言葉を使い、二流は、共通の専門用語を使い、一流は、どのような言葉を使う？

人前で話す際、取り扱いに注意すべきものがあります。それは「専門用語」です。

「コンテンツフォルダーがデジタルマーケティングを通じてB2Bでつながる……」

この時点でパニックです。意味がわかりません。

「これはニューノーマルの時代におけるデファクトスタンダードで……」と続けたら、終了です。聞き手はそっと瞼を閉じて、眠りにつくでしょう。

複数の人の前で話をするとき、聞き手の知識に差があることは多いもの。にもかかわらず、専門用語、難しい横文字を連発すると、聞き手がおいてきぼりになります。

あなたの周りにも、やけに専門用語を連発する人、難しい横文字を使いたがる人がいるのではないでしょうか？

なぜ、**人前で話すときに、専門用語を連発してしまうのか？　それは「誰に届けるのか」の設定をしていないからです。**これは「何を話すか」よりも100倍重要です。

例えば、あなたがインターネットのプロバイダの会社に勤めているとしましょう。商品を説明する際、業界の人に説明するのか、一般宅にお邪魔して説明するのか、小学生に説明するのか、それによって使う言葉を変えるはずです。

常に、相手のレベルに合わせた言葉を選択することは、本当に大事です。

でも、「聞き手の知識レベルがわからない」「聞き手の知識レベルがバラバラで、どこに標準を合わせればいいかわからない」ということもあります。

その場合は、ある程度あたりをつける必要があります。

オススメは、次の3つのレベルのどれに焦点を当てるかを考えることです。

・同僚レベル
・友達レベル
・子供レベル

同僚レベルとは、自分の同僚に話すようなレベル。主に知識がある人、業界の人、玄人向けの説明です。専門用語を使っても問題ないレベルです。

友達レベルとは、自分の友達に話すようなレベル。知識がそこまでない人、一般の人、素人です。専門用語をかみ砕いて説明する必要があります。

子供レベルとは、自分の子供に話すようなレベル。完全に知識がない人です。よく「小学生にもわかるように」「お年寄りにも伝わるように」と言いますが、まさにその感覚です。専門用語は省いて、身近にあるたとえ話などを駆使して説明する必要があります。

ちなみにキングコングの西野亮廣さんは、お年寄りにオンラインサロンを説明する際、「ファンクラブ」と言い換えるそうです。

概ねあたりをつけ、それから話す内容を設計する。つまり「誰に届けるのか」、それから「何を話すか」。この順番が大切です。

プロの噺家は、落語好きが集まる寄席、全国ネットでやる笑点、小学校での公演、すべてネタを変えます。話す前に「誰に届けるのか」をきちんと設定しているからです。

人前で話すとなると、話す内容に気を取られ、「誰に届けるのか」がゴッソリ抜けることがあります。どのレベルに合わせて話すのか、事前に設定してみてください。

Road to Executive

一流は、聞き手のレベルに合わせた言葉を使う

☑ 「誰に届けるのか」「何を話すのか」の順番で話す内容を設計する

抑揚をつけて説明する

三流は、メリハリがない説明をし、二流は、抑揚を意識して説明し、一流は、どのように説明する？

「今日は〜、伝わる話し方について〜、3つお伝えしたいことがありまして〜」

これを棒読みのように平たんに話すと、聞き手はだんだんと飽きてきてしまいます。やはり抑揚があるほうが聞きやすいです。

抑揚とは、調子を上げ下げすることで、イントネーションと言われます。こんな感じです。

「今日は　伝わる　話し方について　3つ　お伝えしたいことが　あります」

↘　↘　↗　↗　↗　↘

こうすると、表現力豊かに伝わります。

他にもあります。アクセントです。アクセントは強弱です。

「今日は　伝わる話し方　について　3つ　お伝えしたいことがあります」

弱く　**強く**　弱く　**強く**　弱く

「伝わる話し方」「3つ」を強調することで、そのフレーズが際立ちます。

さらに、テンポもあります。テンポは速度です。

「今日は　伝わる話し方　について　3つ　お伝えしたいことがあります」
速く　**遅く**　速く　**遅く**　速く

「伝わる話し方」「3つ」だけを遅くすると、これもまた際立ちます。

高低を出し、強弱をつけ、速度を変えてみてください。あなたの説明は、別人が話しているかのように生まれ変わります。

しかし、ここまで言っておいてなんですが、一流は、イントネーション、アクセント、テンポを意識していません。意識しているのではなく、勝手にそうなっているのです。

明石家さんまさんは、抑揚のプロです。あるときテレビで、「へぇ！　あれ観たんですか！　ホンマおっもしろかったっすね〜！」と表現力豊かに話していました。「抑揚をつけて話そう」なんて1ミリも思っていないと思います。「全身から勝手に抑揚がほとばしる」そんなイメージです。

TEDという18分でプレゼンするアメリカ発の番組があります。そこでプレゼンした日本人で、最も有名なのは植松電機の植松努社長だと思います。「思いは招く」という話でした。開始10秒から、どんどん惹き込まれていきます。深々と感情が伝わってきます。

人はどうしても伝えたいことがあると、自然に感情が乗ってくるのです。そして自然に抑揚がついてきます。あなたにも経験があるはずです。面白かった映画、おいしかったご飯、楽しかった旅行。それを伝えるとき、勝手に抑揚がついているのではないでしょうか。

これを普段の説明に活かすと、

① 本気で伝えたいメッセージを決める

② 感情を表現することに慣れる

①は、あなたが行う説明の中に、「これだけは死んでも伝える」というメッセージを決めること。これをすると言葉に感情が乗ります。

②は、普段の会話が肝です。感情を表すのは恥ずかしい面もあります。だから慣れが必要です。おいしいご飯を食べたら、「おいしいね」ではなく、「ウマっ！　なにこれ！」、きれいな夜景を見たら「うぉ〜！　すごすぎる！」と、少し気持ちを表してみること。

これを繰り返すと、自然に抑揚がついた表現力豊かな説明ができるようになります。

Road to Executive

一流は、感情を込めて説明する

☑ 普段の会話から感情を表して、自然に抑揚が出るようにする

説明の届け方

三流は、説明することで精一杯で、二流は、聞き手の耳に届け、一流は、聞き手のどこに届ける？

「説明とは何ですか？」と聞かれたら、私はこう答えます。

「自分の頭の中を、相手の頭の中にインストールすること」と。

何かを説明する際、説明したいことは自分の頭の中にあります。しかし、まだ相手の頭の中にはありません。だからこそ、説明が必要になります。それも、相手の脳内に映し出すような説明です。

特に、人前で話すときは、この意識が説明のクオリティに大きく影響を与えます。なんせ複数の人が聞いているわけです。まるで映画のスクリーンに、映像を映し出すかのように説明しないと、多くの方に一斉に伝えることはできません。

そこで、いい方法を教えます。それはずばり、**「実演法」**です。

実演法とは文字通り、実演すること。もし、体験談を説明するなら、こんな感じです。「二十歳の頃、父親に言われたことを今も大切にしています。こう言われたんです。『理沙、お父さんは理沙に悔いのない人生を送って欲しい。だから理沙のやりたいことをやりなさい』と。

そしてこう続けてくれました。『お父さんは誰が何と言おうと、理沙の味方だよ』と。私はこの言葉のおかげで、今も自分を信じて突き進むことができています」

『　』の部分をまるで父親が話しているかのように、自分で実演します。すると、今、目の前で、本当に会話が行われているかのような映像が、聞き手の脳内に映し出されます。

話すことを仕事にしている人は、落語をよく学ぶと言います。

落語はまさに実演のプロです。古典落語でも新作落語でも、登場人物が何人もでてきて、今まさにその場で会話が行われているかのように進んでいきます。

ぜひ、YouTube大学の中田敦彦さんの動画を見てください。実演の嵐です。多いときは10人以上、登場人物がでてきます。しかし、話しているのは中田さん1人です。

人間は、視覚を使って情報を入手することに慣れています。朝起きて、寝る瞬間まで、ずっと目を開けて、目から情報を入手しています。慣れているから理解も早いわけです。
だからこそ、視覚にアプローチすることが有効になるのです。

では、数字やグラフを説明するときはどうでしょう？　誰も登場人物がいませんね。そのときも実演です。

よく「ポイントが3つあります」というときに、指でも「3つ」を示しましょう、といわれます。これは、視覚に訴えかけるためです。

「売上高1兆円を目指します」というときは、人差し指を立てるとより伝わります。

グラフの推移を説明するとき。「昨年は前年比100％と横ばいでした」というときは手を水平に広げて表し、「今年は120％まで回復しています」というときは、左手を100％、右手を120％とし、右手を少し高くあげると伸びている感じが伝わります。

人前で説明するとき。言葉を耳に届けるだけでは、自分の頭の中を相手の頭の中にインストールすることはできません。**大事なことは相手の脳内に映し出すこと。**

話し手と、聞き手の頭の中に、同じ映像が見えたときに、面白いように説明が伝わりはじめます。

Road to Executive

一流は、聞き手の脳内に届ける

☑ 実演法で相手の頭の中に映像を映し出す

商品説明

三流は、商品を理解しておらず、二流は、商品の機能を説明し、一流は、何を説明する？

売れる営業マンは、何を説明すると思いますか？

これは大事な問いです。なぜならこの答えは、営業に限らず、社内で提案したり、社外に呼びかけをしたり、誰かに何かアクションを起こして欲しいとき、どのように説明すると効果的かという答えにもなるからです。

結論から述べます。**売れる営業マンは商品を説明しません。未来を説明することに心血を注いでいます。**人の購買心理は、購入後の未来に価値を感じたときに動くからです。

例えば、ワゴンカーのCMを打つときに、「この車は何馬力で、燃費が良くて、耐久性に優れていて……」なんていう細かい説明はしません。お父さんと子供が車に乗っていて、どこかに出かける映像を流します。とっても楽しそうに。

これは商品を説明しているのではなく、購入後の未来を説明しています。

営業界のレジェンドと言えば、ジャパネットの髙田明元社長。TV通販で1日に1万台もテレビを売ってしまうプレゼン力があります。

驚愕だったのは、天然水の販売。雄大な山々に囲まれた清流が映し出されます。清流は、いかにも冷たそうで、透き通っていて、心が洗われるようです。

そこでひと言。

「手をすくって飲みたくなりますよね」

そして、

「この天然水がペットボトルに入って自宅に届きます」

視聴者は、手を添えて清流を飲んだような、清々しい気分になります。まだ飲んでもいないのに。この未来を想像させるフレーズが一流たる所以です。

髙田明元社長が引退してからも、ジャパネットは1・3倍も売上を伸ばしています。これは商品説明の型が社内に浸透しているからでしょう。

では、未来を説明するにはどうしたらいいか？

一流が使っている魔法の質問があります。ビックリするほど簡単です。それが、「そうするとどうなる？」です。これは未来を想像させる強力なクエスチョンです。

「もしこの車を購入したら、お子さんをどこに連れていってあげたいですか？」「もしこの問題が解決できたら、どんなことが実現できそうですか？」「もしこの技術が身についたら、何に挑戦してみたいですか？」

質問することで、相手の脳内スクリーンに未来を描きます。そして、「その未来を手にしませんか？　この商品で」とクロージングに入っていきます。

営業に限らず、社内で提案するときも、「これを実施することで、会社はどう変われるか」そこを徹底的に説明する。その未来が聞き手の脳内スクリーンに映し出されたとき、聞き手は動きだします。

一流は、本当に想像力が豊かです。未来をありありと描きます。それは目の前の人の可能性を信じているから。そして、その方の未来に貢献したいと願うからです。その考えが、素晴らしい未来を描く原動力になっています。

Road to Executive

一流は、商品購入後の未来を説明する

☑ 豊かになる将来を想像させる

質疑応答

三流は、質問されるとフリーズしてしまい、二流は、その場で必死に取り繕い、一流は、どう対応する？

お客様へのプレゼン、役員会議での提案、何か説明したあとに必ずと言っていいほどやってくる「質問タイム」。これ、一番難易度が高いかもしれません。なんせ、何を質問されるかわからないわけですから。

アメリカの心理学者N・H・アンダーソン氏は、「人は最後に与えられた情報に影響を受けやすい」という**「親近効果」**を提唱しました。

まさに質問タイムは最後にやってきます。成功すれば、「素晴らしい説明だった」と認識され、失敗すれば、「よくわからない説明だった」という烙印を押されるかもしれません。

ここでは、質疑応答を成功させる方法をお伝えします。

質疑応答ででてくる質問は、2種類に分かれます。1つは、**「疑問からくる質問」**、もう

1つは**「異論からくる質問」**です。

例えば、あなたが「新発売するパソコン」を社内で提案したとします。ひと通り説明が終わり、さぁ質問タイムです。

「疑問からくる質問」は、「見込みはどのくらいですか?」「流通はどうしますか?」など、文字通り、疑問に感じたことを解消するための質問です。

「異論からくる質問」は、「以前も似たようなものがありましたよね?」「本当にニーズがありますかね?」といったようなもの。つまり「賛成できかねます」ということです。

疑問は、解消してあげればいいのですが、異論には納得できる回答が必要です。これをゴチャ混ぜにすると、必死に答えても、相手の欲しい答えに辿り着きません。

そこで**想定問答を作ります。**想定問答とは、事前に「こんな質問がくるのでは?」と考え、アンサーを用意しておくことです。

疑問からくる質問は、商品説明を例に取ると、仕様、操作方法、コスト、発売スケジュールなど。それらを洗い出し、自分でも使ってみて、答えられるようにしておきます。

異論からくる質問は、簡単に言うと反対意見です。多くの人はこれに苦戦します。なので、事前に反論される要素を洗い出しておきます。

我々がオススメしているのが**天使と悪魔の視点で行う「ひとり会議」**です。天使とは肯定する考え、悪魔とは否定する考えです。

天使：「今回は業界最軽量にチャレンジしました」

悪魔：「なんで最軽量だと売れるわけ？」

天使：「昨年一番販売数を伸ばしたのが軽量型です」

悪魔：「○社のパソコンは中軽量だけど売れたじゃない？」

こんなイメージで、自分で自分の提案を否定します。そして、否定に答える形で、事前に回答を用意しておきます。ここが最大のポイントです。いいと思って提案しているわけですから、普通の人は否定されることを想定して説明内容を作りません。だからこそ、悪魔のささやきが必要なのです。

なぜ、一流はいつも自信を持って話をしているように見えるのか？　それはどんな質問が飛び出しても冷静に回答できるように準備しているからです。自信とは勝手に湧いてくるものではありません。どれだけそれに費やしたかが根拠となっているのです。

Road to Executive

一流は、用意していた答えを伝える

☑ 想定問答を完璧に仕上げておく

Chapter 5

リモート・メールでの説明

リモートの話しはじめ

三流は、気まずい雰囲気になり、二流は、本題から話しはじめ、一流は、どうはじめる？

リモートで会話する機会が本当に増えましたね。私は、コロナ前には全国を飛び回り、セミナー、研修、面談を行っており、出張費だけで年間200万円を超えていました。それが今は0です。東京を1歩も出ていません。ただ、人と話す機会はコロナ前よりも圧倒的に増えました。リモートにより、遠方の方と簡単にアクセスできるからです。

ここ1年、毎日、いろんな方とリモートで会話をし、説明する機会がありました。そこでわかったことは、「リモートの話しはじめには、2種類のケースがある」ということ。

① 少し雑談してから本題に入ったほうがいいケース

② 単刀直入に本題に入ったほうがいいケース

①②をどう見極めるかがポイントです。

それは、**話しはじめに「ジャブ」を打つとわかります。**こんな感じ。

「こんにちは。今日はお時間いただきありがとうございます。最近暑くなりましたね」

「今はやっぱりリモートで話される機会なんかが多いんですか？」

「結構、外出される機会減りました？」

このひと言、ふた言に、どう反応してくるかです。

「そうなんですよ〜」といろいろ返してくれる人なら、少し話して場を温かくしてから本題に入ると、相手もほぐれて、説明を聞いてもらいやすくなります。

あまりにも話が続いてしまう場合は、「つい盛り上がってしまいすみません。せっかく貴重なお時間をいただいたので、さっそく本題に入らせていただきますね」と、説明に入るといいです。

「ええ、まぁ」と、あまり反応がないようなら、スパッと本題に入りましょう。

もちろん、会話が得意ではなく、あまり反応がない人もいます。その場合もスパッと本題に入りましょう。いろいろ話そうとすると嫌がられます。

ジャブを打って反応を見る。そして相手が求めているほうを選択する。

これらは対面でも同じでは？　と思われるかもしれません。おっしゃる通りです。

しかし、対面とリモートでは、取得できる情報量に圧倒的な差があります。

対面なら、醸し出される雰囲気、声のトーンなど、視覚、聴覚、体感覚を駆使して、相手の情報を入手できます。

リモートではそう簡単にはいきません。醸し出される雰囲気は感じにくいし、目線が合わずに表情が読めなかったり、通信が不安定でよく声が聞き取れなかったり。とにかく相手の状態を把握しづらい。だからこそ、ジャブを打って様子を見るのです。

リモートでは、対面よりも入念に気を配り、相手の状態を汲み取ろうとする力が問われます。

説明に入る前の配慮。その心配りはその後の説明に多大な影響を与えるはずです。

Road to Executive

一流は、相手の出方に合わせる

説明をはじめる前に
ジャブを打って見極める

説明の進め方

三流は、説明が進まず、二流は、一方的に説明し、一流は、どうやって説明する？

当社では、コロナ以後、1000回のオンラインセミナー、研修を実施してきました。その体験を通じて言えることは、**「リモートはとにかく集中力が切れやすい」**ということ。イヤフォンマイクのノイズがうるさかったり、途中で音声が途切れたり、通信が不安定で画面が停止したり。集中力が切れる要素が満載です。自宅だと、犬が吠えたり、「ピンポーン」と荷物が届いたり……。対面ではありえないことがオンラインだと起こります。

どうしたら聞き手の集中力を保ちながら、説明することができるでしょう？

それは「共に運ぶ」こと。つまり、伴走するかのごとく、一緒に説明を進めていくのです。一方的に説明を続ければ、先に述べた通信、音声、環境の問題も影響して、あっという間に聞き手の集中力は途切れます。だから相手にもどんどん話してもらいます。

具体的な方法が3つあります。

1つ目は、質問から会話を生み出す。

「○○についてお話しさせていただきますが、特に気になっている点はありますか？」

「ポイントは○○だと思うのですが、他にもありそうでしょうか？」

と、質問を差し込んでいきます。

2つ目は、合意を取りながら会話をする。

「ここまでで、ご不明な点はありませんか？」

「では、先に進めますね」

と、マラソンの中継地点のごとく、合意を取りながら進めていきます。

3つ目は、安心を提供して会話が生まれやすくする。

「気になる点があれば、ぜひ途中で止めてくださいね」

「質問があれば、どんどん受けつけますね」

先に伝えることで、いつでも会話が生まれやすい空気を作ります。

多くの人に同時に説明するような場合はどうするか？　結論は一緒です。会話をしながら説明します。会話といっても、必ずしも言葉が必要なわけではありません。

「ここまでで気になる点はありますか？」「こんなとき、困りますよね？」「どうでしょう？」「こういうことも考えられますよね？」

特段、答えてもらうわけではないのですが、このように投げかけて、聞き手の頷きや反応を確認しながら進める。これを「1人質問」と言います。

この問いかけがあるだけで、まるで会話をしているかのように、その場を一緒に進めていくことができます。

また、**目線を合わせることも1つの会話です。**ＰＣの画面を見て話していると、聞き手とは目線が合っていません。カメラを見ないと合わないのです。ずっとカメラを見て話すのは難しいとしても、定期的にカメラに視線を向けて、アイコンタクトを行う。これもコミュニケーションです。

相手の集中力すらも配慮する。まさに一流のレベルです。行きつくところ、一流の説明は常に相手をベースに構成されています。

Road to Executive

一流は、会話型で説明する

☑ 質問、合意、安心を駆使して、
共に進めていく

画面の使い方

三流は、口頭だけで説明し、二流は、資料だけで説明し、一流は、どうする？

リモートにもメリットがたくさんあります。「いつでもつながれる」「いろんな人と話せる」「移動の必要がない」、さまざまありますが、中でも、「瞬間的に資料が共有できる」、これは説明において画期的な進化です。

対面でも資料を配ればすぐに共有できる、そう思われたかもしれません。でも違うんです。最大の違いは「聞き手の目線」です。

対面では、資料を配った瞬間、ほとんどの人が下を向いて資料を見はじめます。話そっちのけで資料をパラパラめくる人も。

しかし、リモートの場合、モニターに資料を映した瞬間、目線は画面にあります。つまり、資料にも、話し手にも、目線が向いているということです。

これを使わない手はありません。

資料だけで説明するのは非常にもったいないことです。

「資料＋表情＋しぐさ」をフル活用して伝えるべきです。

学校の授業で、黒板に書かれた文字をずっと見ていて、眠くなった経験はありませんか？　面白い授業は、そこに先生の表情があり、動きがあります。黒板だけじゃなく、教卓の前で先生が大立ち回りをするからたいくつしないのです。

「資料だけで伝える」vs「資料＋表情＋しぐさ」で伝えるでは、軍配は確実に後者にあがります。

このリモートの利便を最大限活かすには、画面を１００％使い切る。これに尽きます。

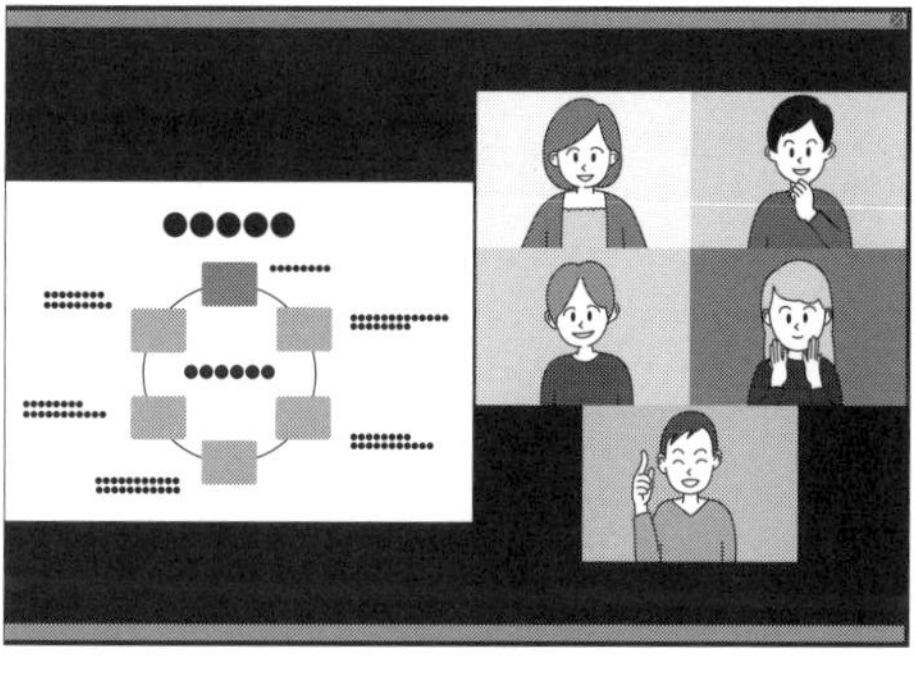

聞き手が資料に集中しているときは、資料をメインに説明する時間。
聞き手が概ね理解したときは、表情やしぐさをメインにして説明する時間。
聞き手にインパクトを残したいときは、一旦資料を映すのをやめて、あえて表情やしぐ

さだけで説明する時間。

そしてまた資料を映す。こうやって画面に変化を起こすこと。

当社でも、セミナーや研修をする際は、次の３つを行き来させます。

・資料メインで説明する
・表情やしぐさをメインにする
・あえて表情やしぐさだけで伝える

コロナ以後、全国の講師が集まり、何度もオンラインの練習を行いました。その結果、まるでテレビを見ているかのように、画面がどんどん切り替わるすべを身につけました。

スティーブ・ジョブズが、新商品のプレゼンで、ステージをフル活用し、スライド、表情、動き、すべて駆使して説明したのと一緒です。やはり、一本調子では飽きられます。リモートは、画面を１００％使用し、変化を生み出す必要があるのです。

一流は使えるものはすべて使います。そのほうが聞き手に伝わるからです。フル活用して、全力で伝えようとする。その熱のこもった説明はきっと聞き手の心を捉えます。

Road to Executive

一流は、
画面を100%使って説明する

☑ 画面の中に変化を起こす

説明時のトラブル

三流は、あたふたして対応できず、
二流は、その場で対応しようとし、
一流は、どう対応する？

「ネットがつながらない」「声が聞こえない」「画面が固まった」どうしよう……。

リモートあるあるですよね。説明する際、通信障害はつきもの。これはある意味しょうがないことです。問題はその対応。

トラブルが起こった際、一流はあたふたしません。冷静沈着です。なぜ、冷静でいられるか。それはひとえに「想定の範囲内」だからです。

1つ、実例を紹介します。

以前、私が面接をしていたときのこと。受験者のパソコンに問題があり、その方の声がまったく聞こえません。面接という場です。普通、受験者は焦ると思います。しかし、その方は違いました。

「申し訳ございません。3分ほどお待ちいただいてもよろしいでしょうか？」

そういって、3分後。ちゃんと声が聞こえるようになりました。

「どう対処されたのですか？」と聞くと、「万が一に備えて、もう1台パソコンを用意してありました」というのです。

まさか、もう1台パソコンを用意しているとは。その対処もさることながら、冷静に対応する様を見て、その方を採用させていただきました。今でも非常に活躍されています。

トラブルが起こっても呼吸1つ乱さず説明するには、「予め想定しておく」ことが肝です。

では、どんなことが想定できるでしょう？

① 声が聞こえない

設定に問題があることが多いです。イヤフォンマイクを使っていれば、それに問題がある場合もあります。どんな問題が起こり、どう対処するか、準備しておくことをおすすめします。相手側に問題があったとしても、事前に調べておけば相手にアドバイスができます。

②画面が停止する

ほとんどが通信の問題です。環境を変えたり、少し待てばつながることもあります。相手の画面が固まったとき、「大丈夫ですか！」「聞こえます！」「もしもーし！」と連発すると、相手も焦ります。つながるまで終始笑顔で待ちましょう。

③変な間ができる（プップツ途切れる）

これも通信の問題が大きいです。あまり続くようであれば、接続し直しましょう。途中で途切れて、どこまで説明したかわからなくなるときもあります。問題はつながったときです。いきなり説明をはじめてしまうと、相手がどこまで聞き取れていたかわかりません。「どこまで聞き取れていましたか？」と確認し、それから説明を再開しましょう。

以前、京セラの稲盛和夫名誉会長が運営されていた盛和塾で、「悲観的に計画し、楽観的に実行する」、このことを何度も教えていただきました。問題が起こることを前提に準備して、本番はダイナミックに動くこと。人生のあらゆる場面で、私の糧になっています。

トラブルが起これば、誰だって焦ります。だからこそ、起こるであろうことを想定し、準備する。その冷静さがあれば、いつでも落ちついて説明ができるはずです。

Road to Executive

一流は、用意していた対応策を講じる

☑ 予め起こりうるトラブルの対処法を考えておく

メールで説明する

三流は、長いメールを送り、二流は、短くまとめたメールを送り、一流は、どんなメールを送る？

メールを送るとき、何か工夫していることはありますか？
結論から書く、ポイントを整理する、短くまとめる。どれも大事なことですね。
ただ、それだけでは足りません。なんせ、メールは1日に50件、100件、平気で飛んでくるわけです。メールをチェックするだけで、かなりの労力がかかります。

メールを受け取る人はできるだけ負荷を減らしたいと思っているはず。そのため、メール送信者には、こんなことを期待しています。

1つ目。「何をして欲しいか具体的に記載して欲しい」。

いろいろ書いてあるが、結局何をしたらいいのかわからない。整理されているわりには、「で、どうしたらいいの？」と感じるメール。これらは非常に困ります。

だから必ず、冒頭（件名）に「何をして欲しいのか」明記する必要があります。
【○○のお願い】【○○の確認】【○○の相談】↓して欲しいことを明確にするケース
【○○のお知らせ】【○○の連絡】【○○の共有】↓読めばいいだけのケース

2つ目。「簡単に返信できる内容にして欲しい」。

例えば、「どう思いますか？」「何か考えはありますか？」。こういったザックリとした質問は、イチから考えないといけないため、相手の脳ミソにダメージを与えます。

深く考えなくてもいいメールはこうです。

『3案あります。コレ、コレ、コレです。1案で進めたいのですが、よろしいでしょうか？』

こう書けばYES・NOで答えられます。NOだとしても、ある程度たたき台があるため、理由が答えやすいです。

『今回は○○で進めていこうと思っています。気になる点があればご指摘ください』

と書けば、『ない』なのか、『ここが気になる』なのか、何かしら返答ができます。○○という具体的な材料があるからこそ、具体的に答えやすいのです。

3つ目。「1回で済むようにして欲しい」。

何度もやりとりさせるメールは、負荷が増大します。

「○○商事様に見積を提出しました。返事待ちとなります」

「いつまでに返事もらえそう？」

「1週間くらいでとおっしゃってました」

「感触はどう？」

「悪くないと思います」

「悪くないというと？」

こうして何度もラリーが続くメール……。本来は相手が知りたいことを先に伝える必要があります。

今はチャット、LINE、メッセンジャーなど、いろいろな伝達方法があります。気軽に送れるからといって、相手の負荷を考えない文章を送ると、相手の時間を強奪することになります。マッキンゼーの分析によると、ビジネスパーソンは平均して**就業時間の28%もメールに費やしている**そうです。「相手に負荷を与えない考え抜かれたメール」を送れば、相手の時間を作り出すことにもつながります。

Road to Executive

一流は、
相手の負荷を減らすメール送る

☑ 具体的に、簡単に、
1回で終わるメールを送付する

箇条書きで説明する

三流は、ただの文章で説明し、二流は、ただの箇条書きで説明し、一流は、どんな箇条書きで説明する？

箇条書きはいろんな場面で使います。会議資料、プレゼン資料はもちろん、メールやSNSでも重宝します。ときどきやたらと長い文章を見かけますが、箇条書きにすれば一瞬で理解できるので相手にも喜ばれます。ただ、箇条書きも、三流、二流、一流に分かれます。

まず、次を見てください。お客様にヒアリングした結果を報告するケースです。

［三流］

○○商事様にヒアリングを行いました。社員間のコミュニケーションがうまくいっておらず、特に役職者については部下の話をさえぎったり、途中で自分の意見を挟んでちゃんと話が聞けない状態にあるということです。本来は現場の声をもっと吸い上げたいのですが、声があがってこず、ちゃんと話を聞けるようにしたいと要望がありました。次回、役職者向けの研修プランを提案することになり、7月23日（金）に再度訪問いたします。

[二流]〈○○商事様のヒアリング結果〉

・社員間のコミュニケーションがうまくいっていない
・特に役職者は部下の話をさえぎり、途中で自分の意見を伝えてしまう
・本来はもっと現場の声を吸い上げたい
・役職者がちゃんと話を聞けるようになって欲しい
・役職者向けの研修プランを提案する
・次回訪問は7月23日（金）

[一流]〈○○商事様のヒアリング結果〉

○ 現状の問題

・社員間のコミュニケーションがうまくいっていない
・役職者は部下の話をさえぎり、途中で自分の意見を伝えてしまう

○ 対応策

・もっと現場からの声を上がりやすくする
・役職者がちゃんと部下の話を聞けるようにする

○今後の流れ
・役職者向けの研修プランを提示する
・次回7月23日（金）訪問

箇条書きをわかりやすくするには、ポイントが3つあります。

1つ目、グルーピングすること。現状の問題、対応策、今後の流れ、のようにグループで分かれているほうが整理されていて見やすく、気になるところをすぐに確認できます。

2つ目、1行の文字を30文字程度にすること。近年のニュースメディアのタイトルは、30字前後が主流となっています。Googleの検索結果表示は29文字で設定されています。一瞬で理解できる文字レベルが30文字程度であることがわかります。

3つ目、箇条書きは3つ程度にすること。グルーピングされていても、10も20も箇条書きがあったら読む気を失います。「・」が多くなる場合は、グループを分けましょう。

全体像が秒速で把握でき、知りたいことが目に飛び込んでくる。これが読ませる箇条書きです。手を抜かず、相手のことを考え、工夫するのが一流の説明です。

Road to Executive

一流は、読ませる箇条書きで説明する

知りたいところが目に飛び込んでくる書き方をする

Chapter 6

説明上手になる心得

これからの説明

三流は、誰でもできる説明をし、二流は、ＡＩでもできることを説明し、一流は、どんな説明をする？

ＡＩがスゴイ勢いで進化しています。困ったことがあれば、何でもＡＩが解決策を提示してくれる。もうそんな時代が目の前まできていると思います。

コミュニケーションの分野はどうか？　言語処理を行うＡＩが開発されています。これが実現すると、接客するロボットが出現し、最適なサービスを説明してくれます。

そのうち「説明はＡＩに任せて」、そんな時代がくるかもしれません。

しかし、ＡＩにも苦手なことがあります。それは人の感情を汲み取った上で判断することです。**人から発せられた言葉は、必ずしも言葉本来の意味を表しているとは限りません。**

「元気に振舞っているけど、なんだかいつもと違う」

「ああは言ってたけど、本心は別のところにありそう」

こういった気持ちを汲み取る力は、人間にしかありません。

確かに、感情分析の分野でもＡＩの研究は進んでいます。声や表情からその人の気持ちを判断するシステムです。しかし、それも過去のデータからはじきだされた答え。目の前の人が本当に今そう感じているかは、直接対峙している人にしかわからないのです。

「特に用事はないいんだけどね」

「元気ならいいんだ」

とかかってきた電話。その背景には、間違いなく何か別の感情があります。これを察知する能力は、ロボットよりも人間が長けています。

相手の気持ちを汲み取ること。これが、本書の中心コンセプトです。

「相手が期待している説明とは」

「相手の期待を超える説明とは」

相手を起点に説明を考える。これが一番伝えたかったことです。

コミュニケーションの本質は、相手の立場に立って実践すること。一流にはその本質が見えています。

では、相手の立場に立ったコミュニケーションを実践するには？

それは「経験すること」。これに尽きると思うのです。

いろんな人と会話をし、コミュニケーションをとる。傷つけ、傷つけられ、良いことも、悪いこともたくさん経験すること。そして、相手の感情を汲み取る力を研ぎ澄ますこと。

営業のスキルが身についてからお客様に会いに行こうと考えている人がいますが、それは違います。お客様に会うから営業がうまくなるのです。説明も一緒です。説明がうまくなってから説明するのではなく、説明するからうまくなるのです。

目の前の人の感情を汲み取り、説明する。このレベルに到達すると、ＡＩには実現できない血の通った本物の会話ができるようになるはずです。

Road to Executive

一流は、相手の感情を汲み取った説明をする

☑ 経験を積んで感情を汲み取る力を研ぎ澄ます

説明が伝わらないとき

三流は、イライラしはじめ、二流は、とことん説明し続け、一流は、どうする?

「何回説明しても、理解してもらえない……」。あなたにも、そんな経験があるかもしれませんん。例えば、幾度説明しても同じミスをする、一生懸命説明してもうわの空で聞いていない、なんとなく腑に落ちていない。

そういったことがあると、人間なのでやはりイライラしてしまうかもしれません。もしくは、グッとこらえて懇切丁寧に説明を続けるかもしれません。

でも、勉強が嫌いな子に、いくら「勉強しなさい」と言っても糠《ぬか》に釘。それどころか、無理強いをすれば反発を生むことさえあります。

そんなときの特効薬。それは、説明しないこと。

一旦、説明を放棄して、じっくり相手の話に耳を傾けることです。

なぜ同じミスをするのか。何か集中できない理由があるのか。腑に落ちていないところはどこか。必ず理由が存在します。たとえ5分でも、全身全霊でその理由を探る。

当スクールには、心理カウンセラーの有資格者が多数所属していますが、カウンセリングを習うとき、最初に徹底的にたたき込まれることがあります。それが「傾聴」です。相手を理解するために、徹底的に、聞く力を磨きます。

聞くと言うと、受け身なイメージがあるかもしれませんが、違います。**聞くとは、「聞いている」というメッセージを伝えることにもなるのです。**まさに、受信と発信を兼ね備えた行為。それが聞くことです。

私が新卒で入社した会社は、2004年に東証一部に上場しました。そして、2008年に廃業しました。2000名が解雇される大変な事件になりました。

私は廃業処理を行うチームに所属しており、廃業の経緯を従業員たちに説明するために、上司と共に、各地を回りました。突然、職を失うことになった従業員からは、「ふざけるな!」「言っていることが違うじゃないか!」。まさに怒号の嵐。会場はパニックです。

しかし、上司は腹がすわっていました。鳴りやまぬ怒号に対し、まずは徹底的に耳を傾けたのです。すると、会場の怒号は徐々に鳴りやみ、静寂へ。最後は説明を聞き入れてもらえました。

「相手の話を聞きましょう」とはよく言われます。しかし、これほど難しいことはありません。長らく教育業界にいますが、相手の話に全身を傾け、聞いている人がどれだけいるでしょうか。ほとんど見たことがありません。私もそうです。いまだ修行中です。だからこそ、聞く力を磨いて欲しいのです。それだけで、あなたの希少価値は何倍もあがります。

人間には返報性の原理があります。何かしてもらったら、お返ししたくなる心理です。どうしても理解してもらえないとき。そのときは、じっくり相手の話を聞くこと。すると、今度はあなたの話を聞いてくれる順番がやってきます。

一流は、説明することも、聞くことも、セットで考えます。それは「伝える」ではなく、「伝わる」を目的にしているからです。相手に伝わってこその説明。そのためには、一旦説明を放棄することも厭わないのです。

Road to Executive

一流は、一旦説明を放棄する

☑ 相手の話に耳を傾け、
伝わらない理由を探る

説明のうまさ

三流は、説明が下手だと思っており、二流は、説明がうまいと思っており、一流は、どう思っている？

「説明は結構得意です」「話すのはうまいほうだと思います」。そういう人の説明は、たいがいわかりづらいものです。

話がうまい、下手は誰が決めるのか？　それは間違いなく相手です。うまいの定義も相手によって違います。

にもかかわらず、「自分は話がうまい」と過信していると、「自分は話が通じている」と思っているのに「相手はまったく理解していない」、というギャップを自覚することができないのです。

以前、私が面接をしていたときのこと。

「講師を10年やってます。話すことには慣れています」とおっしゃる方がいました。

私は、「これまでどんなことを伝えて、今後は何を伝えていきたいですか？」と質問しました。

その方は、一生懸命説明してくれました。5分が経過し、10分が経過し、そして20分、話は続きました。最後まで聞きましたが、結局、よくわかりませんでした。

これは、決して人ごとではないと思いました。

我々のような講師は、話すことが多い仕事。だから余計、危ないのです。話すことに慣れてくると、つい自分の話が通じているような錯覚を起こします。

元プロ野球選手のイチロー氏が、首位打者をとっても、毎年バッティングフォームを変えたのは有名な話です。たとえうまくいっていても、改善策を探究する。その大事な姿勢を教えてくれるエピソードです。

サイバーエージェントの藤田晋社長がおっしゃる「ダカイゼン」。打開と改善を繰り返すそのすさまじい執念は、私たち起業家の目を覚まさせました。我々はまだまだだと。

自覚し、改善する。まさに一流が行うルーティンです。

説明においても、まず自分の説明がどれくらいのレベルにあるのか自覚することが改善の第一歩です。

では、自覚するにはどうすればいいか？

いい方法があります。それは**相手のアクションを観察すること**です。

あなたが何かを伝えたあとに、相手に何か行動が起これば、それは伝わったと言えます。例えば、「そのプロジェクトやってみよう！」「その商品買います！」「ぜひ実践します！」

つまり相手に行動が起こること。

逆に、「検討しておきます」「機会があればぜひ」「参考にしてみます」だった場合、あなたが本当に伝えたかったことは、伝わっていないのかもしれません。

相手にアクションが起これば、伝わったと定義する。

これは非常にハードルが高い設定です。だからこそやり甲斐があります。

話がうまいかどうかは相手が決めること。相手のアクションを判断軸として、自分の説明力を自覚する。そして改善する。

この流れを追究すると、本当に相手に届く説明力が身につくようになります。

Road to Executive

一流は、相手が決めると思っている

聞き手にアクションが起こったら伝わったと定義する

自分の説明

三流は、自分のことがよくわからず、二流は、どんな人間かを説明し、一流は、何を説明する?

あなたは、どのくらい自分のことを説明できますか?

普段生活をしていると、「自分はどんな人間か」を説明する機会は多いと思います。

でも、もっと大切な説明があります。それは、**「自分はどう在りたいか」の説明です。**

例えば、「私は公務員で、性格は温厚で、優しくて、人の話を聞くのが好きで、……」。

これが、「自分はどんな人間か」に該当する部分。車で言えばパーツです。

そのパーツを通じて、「私は、人の心を温かくする存在でありたい」。これが自分はどう在りたいか、その人を突き動かすエンジンになります。

ウルトラマンは怪獣をやっつけてくれるヒーローです。これがパーツ。

そして、「人々に平和をもたらす存在でありたい」。これがウルトラマンのエンジンです。

きっとそう思っているはずです。

どう在りたいか。それがその人の軸になります。

軸がなければコマは回りません。野球やゴルフのスイングも、軸がブレていては、ボールは飛びません。それと同じです。一度きりの人生、思いっきりフルスイングして生きるには、やはり軸が必要です。

世界中で3000万部以上販売されているスティーブン・R・コヴィー博士の『7つの習慣』（キングベアー出版）には、「終わりを思い描くことからはじめる」という項目があります。その冒頭は「あなたのお葬式において、どんな弔辞を読んでもらいたいか」という問いかけからはじまります。

少しイメージしてみてください。ここに2つの弔辞があります。

1つは、

「〇〇さんは、とてもお金を稼いで、いいマンションに住んで、いい車に乗って、高級な時計をつけていて、本当に素晴らしい人生を送られましたね」

もう1つは、

「あなたはいつも全力で私たちを励ましてくれました。つらい顔をしていると、『あなたなら大丈夫』って、いつも微笑みかけてくれました。あなたはまるで太陽のような存在でした」

どちらが素晴らしい人生だったと言えそうでしょうか？　おそらく後者ですね。

・いつも人生に影響を与えてくれる存在でした
・希望と勇気を与えてくれる存在でした
・幸せを感じさせてくれる存在でした

あなたもきっと、そんな人生を望んでいるはずです。

「自分はどんな人間か」よりも、「自分はどう在りたいか」。在り方を見つけていく。そして、それについて学び、挑戦し、経験し、さらに在り方を高めていただきたい。これが、私からの最後のメッセージです。

あなたが自分の在り方を説明することで、多くの方の希望となり、素晴らしい人生を送れることを心から願っています。

Road to Executive

一流は、どう在りたいかを説明する

☑ 在り方を見つけ、それを高めていく

おわりに

ここまで読み進めていただき、本当にありがとうございます。

「一流は一段上のレベルで説明を行っていること」、そして「それは誰にでも習得できること」がわかっていただけたと思います。

すごく伝わる説明には、具体的な法則があります。しかも意外と簡単です。ぜひそれを掴んでいただけたなら、著者としてこれ以上の喜びはありません。

最後に、説明力をアップさせるコツをお伝えします。

それは「１００分の1行動療法」です。

行動療法とは、行動を変えることで結果を変えていく手法です。

１００分の1とは、全部取り組もうとせず、1個だけ取り組むアプローチです。

例えば、目の前に10冊の参考書が積まれていたら、読む気を失いますよね。その場合、9冊は視界から消して、1冊だけ取り出し、1行だけ読んでみる。

ジムで60分トレーニングするのはつらいから、ジムに行ってダンベルを1回だけ持ち上げてみる。

1行読みだしたら、また1行、また1行。ダンベルも1回だと物足りないから5回、10回と。

そう、だんだんとエンジンがかかってくるのです。

100分の1程度に小さくはじめる。これが「100分の1行動療法」です。

本書には、45の説明メソッドが存在します。

まずは、その中で1つだけピックアップしてみてください。

そして実践してみてください。

きっと成果がでます。そして、また1つ、また1つ。

気づいたころには、社内であなたの右にでる者はいないほど、説明が上達しています。

そろそろお別れの時間です。

最後の項目に、「自分の在り方を説明する」と書きました。

実は本書はこの項目から書きはじめました。一生に1回の人生、最も尊い説明だと思ったからです。

ぜひ、自分の在り方を模索し、説明する。そしてさらに在り方を昇華させる。

その過程で、自分が自分であることを味わい尽くしてほしいと思っております。

説明に苦手意識がある人も、上司に怒られている人も、自信をなくしている人も、大丈夫です。本書を手に取っていただいたあなたには、すでに覚醒がはじまっています。

人は変われます。この瞬間から。

あなたの人生がエキサイティングでドラマチックなものになることを心から願っております。

桐生　稔

説明下手を克服する！
「ボックス会話術」動画プレゼント

・急に話を振られると返答に困る…
・つい話が長くなってしまう…
・論理的に話すのが苦手…

こんなことでお困りではありませんか？

伝わる話し方を習得するには、特別な才能も根性も一切必要ありません。
明確なスキルが存在します。
そのスキルの一つ、「ボックス会話術」の動画をプレゼントいたします。

ボックス会話術とは、「空白を埋めたくなる」心理を活用したメソッドです。
□結論□理由□具体例、のように箱をつくって埋めていきます。

箱をつくるだけで、あなたの説明、報告、プレゼンは劇的にわかりやすくなります。

「ボックス会話術」を希望される方は、ぜひ下記 LINE にご登録ください。登録後に動画が送付されます。
一緒に伝わる話し方をマスターしていきましょう！

<伝わる話し方メソッド LINE 登録>

ID：@phl8684g
https://lin.ee/66PDgCu

[著者]
桐生稔（きりゅう・みのる）
株式会社モチベーション＆コミュニケーション代表取締役
日本能力開発推進協会メンタル心理カウンセラー
日本能力開発推進協会上級心理カウンセラー
一般社団法人日本声診断協会音声心理士

1978年生まれ。新潟県十日町市出身。

2002年、全国1200支店運営する大手人材派遣会社に入社。営業成績がドベで新卒3カ月で左遷される。そこから一念発起し、売上達成率No1を実現する。その後、音楽スクールに転職し、事業部長を務める。

2017年、社会人の伝わる話し方を向上すべく、株式会社モチベーション＆コミュニケーションを設立。現在全国40都道府県で年間2000回伝わる話し方セミナー、研修を開催。具体的で分かりやすいメソッドが評判を呼び、日経新聞、プレジデント、東洋経済ON LINE、YAHOO！ニュースに掲載される。

「説明下手を克服する！ 30秒で伝えるピンポイントトーク」「3秒で頭の中を整理する！論理的会話術」など、数々のヒットセミナーを生み出している。


〈書籍〉
・『10秒でズバっと伝わる話し方』（扶桑社）
・『雑談の一流、二流、三流』（明日香出版社）
・『30秒で伝える全技術』（KADOKAWA）

説明の一流、二流、三流

2021年　7月21日　初版発行
2021年　11月30日　第37刷発行

編著者　桐生稔
発行者　石野栄一
発行所　明日香出版社
〒112-0005　東京都文京区水道2-11-5
電話　03-5395-7650（代表）
https://www.asuka-g.co.jp

印刷　株式会社文昇堂
製本　根本製本株式会社

　ISBN 978-4-7569-2159-8